Alexandra Piel

Aufsätze konkret

Tipps und Schreibanleitungen

Vom Unfallbericht bis zum Zeitungsartikel

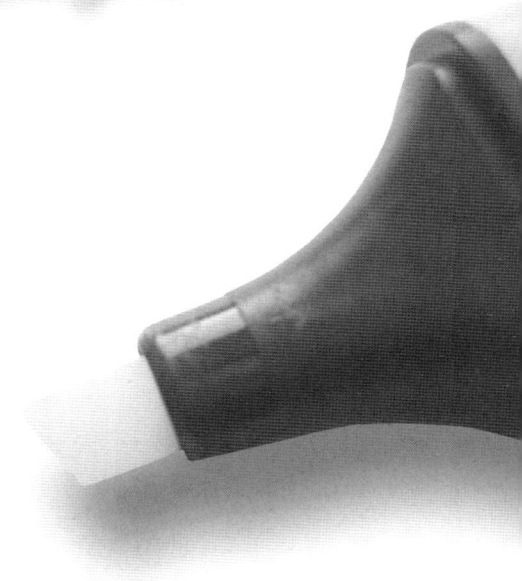

Verlag an der Ruhr

Impressum

Titel: **Aufsätze konkret**

*Tipps und Schreibanleitungen
vom Unfallbericht bis zum Zeitungsartikel*

Autorin: Alexandra Piel

Illustrationen: Eva Matthews

Druck: CS-Druck CornelsenStürtz GmbH, Berlin

Verlag: **Verlag an der Ruhr**
Alexanderstraße 54 – 45472 Mülheim an der Ruhr
Postfach 10 2251 – 45422 Mülheim an der Ruhr
Tel.: 02 08/439 54 50 – Fax: 02 08/439 54 239
E-Mail: info@verlagruhr.de
www.verlagruhr.de

© Verlag an der Ruhr 2008
ISBN 978-3-8346-0457-6

**geeignet für
die Klasse**

7 8 9 10 11 12

Neubearbeitung der Reihe:
„Sich schriftlich ausdrücken lernen"

Die Schreibweise der Texte folgt der neuesten Fassung
der Rechtschreibregeln – gültig seit August 2006.

Gedruckt auf chlorfrei gebleichtes Papier.

Wir sind seit 2008 ein ÖKOPROFIT®-Betrieb und setzen uns
damit aktiv für den Umweltschutz ein. Das ÖKOPROFIT®-Projekt
unterstützt Betriebe dabei, die Umwelt durch nachhaltiges
Wirtschaften zu entlasten.

Inhalt

Vorwort | 6 | Übersicht über Medien- und Sachtexte ◆ Arbeitsschritte beim Verfassen von Texten

Handwerkszeug | 9 | Umgang mit Nachschlagewerken ◆ Nachschlage-Rallye ◆ Themeneingrenzung ◆ Organisation der Ideen ◆ Arbeitsteiliges Schreiben ◆ Tipps zum verständlichen Schreiben ◆ Tricks gegen Schreibblockaden

Inhaltsangabe | 17 | Merkmale von Inhaltsangaben ◆ Informationen aus einem Text herausfiltern ◆ Tipps für die Inhaltsangabe ◆ Wiedergabe eines Zeitungsartikels ◆ Inhaltsangaben zum Verbessern ◆ Klappentext ◆ Sätze vereinfachen

Beschreibung | 25 | Merkmale von Beschreibungen ◆ Textbeispiele Beschreibungen ◆ Personenbeschreibung ◆ Gegenstandsbeschreibung ◆ Verlustanzeige ◆ Gebrauchsanweisung ◆ Spielanleitung ◆ Wegbeschreibung ◆ Allerweltsverben

Berichtende Texte | 35 | Merkmale von berichtenden Texten ◆ Bericht und Erzählung ◆ W-Fragen ◆ Unfallbericht ◆ Schadensbericht ◆ Konjunktionen und Subjunktionen ◆ Tautologien erkennen

Protokoll | 43 | Merkmale von Protokollen ◆ Tipps zum Mitschreiben ◆ Ergebnis- und Verlaufsprotokolle ◆ Indirekte Rede ◆ Aktivisch formulieren

Brief | 49 | Formale Gestaltung von Briefen ◆ Einladung ◆ Entschuldigungsbrief ◆ Im Stil vergriffen ◆ Geschäftsbrief ◆ Betreffzeilen ◆ Anforderung von Informationsmaterial

Werbetexte | 58 | Merkmale von appellativen Texten ◆ Laborexperiment ◆ Werbeslogans ◆ Kosmetiktexte ◆ Reiseprospekte ◆ Werbetexte für eine Kreuzfahrt ◆ Bildhafte Adjektive

Erörterung | 65 | Merkmale von Erörterungen ◆ Lineare Erörterung ◆ Dialektische Erörterung ◆ Textgliederung ◆ Argumente sammeln ◆ Behauptung – Meinung – Argument ◆ Abwägen von Argumenten

Nachricht | 73 | Merkmale von Nachrichten ◆ Nachrichtenfaktoren ◆ Textbeispiele mit W-Fragen ◆ Aufbauprinzip von Nachrichten ◆ Eine Nachricht verbessern ◆ Eine Ballade umformen ◆ Variation im Satzbau

Zeitungsbericht | 81 | Merkmale von Zeitungsberichten ◆ Textbeispiel – Checkliste für einen Zeitungsbericht ◆ Text gliedern ◆ Einstiegssätze ◆ Bericht für eine Boulevardzeitung ◆ Übung zur indirekten Rede

Interview & Umfrage | 89 | Merkmale von Interview und Umfrage ◆ Textbeispiel – Fragetypen erkennen ◆ Hilfe bei Interviewproblemen ◆ Sprachliches Glätten ◆ Rollenspiel zur Interviewsituation ◆ Fragebogen ◆ Umfrage an der Schule

Kommentar & Glosse | 97 | Merkmale von Kommentar und Glosse ◆ Textbeispiel – Pro-Kommentar ◆ Textbeispiel – Kontra-Kommentar ◆ Kommentaranalyse in Gruppen ◆ Pro/Kontra-Tabelle für eigenen Kommentar ◆ Textbeispiel Glosse ◆ Beispiele und Pointe finden ◆ Gebrauch von rhetorischen Stilmitteln ◆ Rhetorische Figuren

Rezension | 107 | Merkmale von Rezensionen ◆ Textbeispiel ◆ Verriss ◆ Leitfragen für eine Rezension ◆ Bewertende Adjektive

Reportage | 113 | Merkmale von Reportagen ◆ Textbeispiel ◆ Analyse eines Beispieltextes ◆ Themenfindung ◆ Einstiege ◆ Fahrstuhlfahrt ◆ Wiederholungen vermeiden

Texte überarbeiten | 121 | Checkliste zur Überprüfung eigener Arbeiten ◆ Feedbackregeln für die Textbesprechung ◆ Feedback-Diskussionsleitung

Anhang | 125 | Lösungen ◆ Literaturtipps

Vorwort

Die richtigen Worte in einem persönlichen Brief zu finden, eine überzeugende Erörterung zu verfassen oder eine exakte Personenbeschreibung abzuliefern, ist gar nicht so einfach. Bei Medien- und Sachtexten kommt es darauf an, die Inhalte sachlich und präzise auszudrücken und das Wichtigste auf den Punkt zu bringen. Wenn du beim Schreiben den richtigen Ton triffst, kannst du den Lesern dein Anliegen besser verständlich machen. Die Fähigkeit, so zu schreiben, wird dir im Alltag und auch in deinem späteren Berufsleben helfen.

Lesen und Schreiben sind eng miteinander verbunden. Durch intensives und regelmäßiges Lesen kannst du deine Schreibfähigkeit verbessern. Intensive Schreiberfahrung wiederum trainiert deine Lesefähigkeit und dein Textverständnis. Lesen und Schreiben gehören auch im Medienzeitalter nicht der Vergangenheit an, denn du musst Inhalte zusammenfassen, Dinge oder Vorgänge beschreiben, Referate ausarbeiten oder Briefe formulieren. Dabei hilft dir dieses Buch:

➡️ Du bekommst einen **Überblick** über die **wesentlichen Merkmale** von **Beschreibungen**, **journalistischen Texten**, **Briefen** und **vielen anderen Textsorten**, die im Alltag wichtig sind. Viele Textbeispiele vermitteln dir einen Eindruck von Aufbau und Stil dieser Textsorten.

➡️ Du findest **Schritt-für-Schritt-Anleitungen zum Verfassen der verschiedenen Textsorten**. Praktische Tipps helfen dir dabei, z.B. ein nachvollziehbares Ergebnisprotokoll, einen adressatengerechten Brief oder einen informativen Bericht zu verfassen.

➡️ In jedem Kapitel gibt es **viele sprachliche Übungen**, die dir helfen, dein Ausdrucksvermögen, dein Sprachgefühl und deinen Stil zu verbessern.

Am Ende des Buches findest du Tipps zur Besprechung und Überarbeitung von Texten. Schließlich ist kein Text so gut, dass man daran nicht noch etwas verbessern könnte.

Du wirst sehen, je mehr Texte du schreibst, je mehr du dabei ausprobierst und je mehr du dich auch auf Kritik einlässt, desto leichter wird es dir fallen, Texte zu produzieren. Du wirst nicht mehr lange vor dem weißen Blatt sitzen, sondern sofort mit dem Schreiben loslegen.

Aufsätze konkret – *Tipps und Schreibanleitungen vom Unfallbericht bis zum Zeitungsartikel*

© Verlag an der Ruhr | Postfach 10 22 51 | 45422 Mülheim an der Ruhr | **www.verlagruhr.de** | ISBN 978-3-8346-0457-6

Übersicht über Medien- und Sachtexte

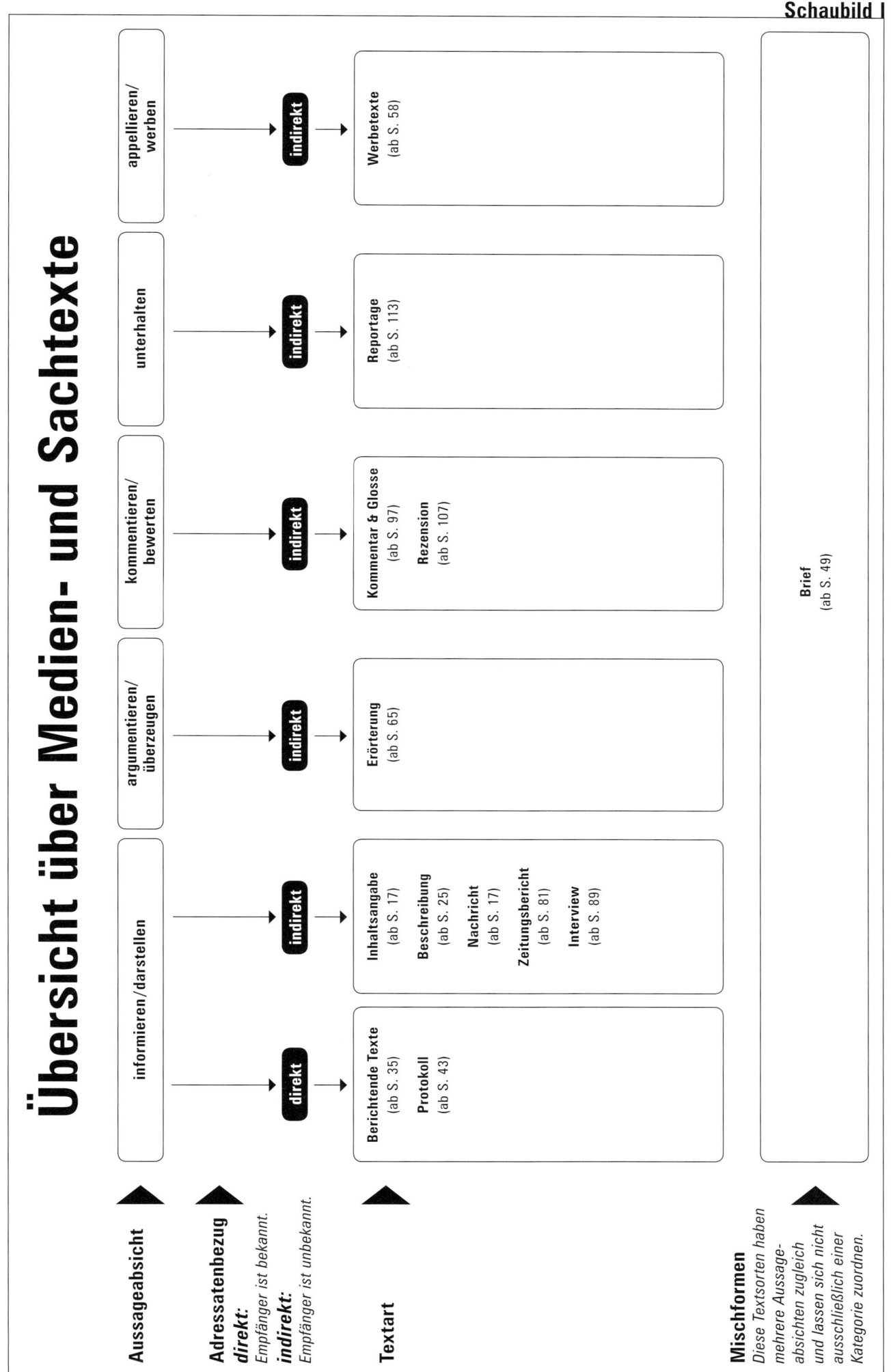

Aussageabsicht	informieren/darstellen		argumentieren/überzeugen	kommentieren/bewerten	unterhalten	appellieren/werben
Adressatenbezug *direkt:* Empfänger ist bekannt. *indirekt:* Empfänger ist unbekannt.	**direkt**	**indirekt**	**indirekt**	**indirekt**	**indirekt**	**indirekt**
Textart	**Berichtende Texte** (ab S. 35) **Protokoll** (ab S. 43)	**Inhaltsangabe** (ab S. 17) **Beschreibung** (ab S. 25) **Nachricht** (ab S. 17) **Zeitungsbericht** (ab S. 81) **Interview** (ab S. 89)	**Erörterung** (ab S. 65)	**Kommentar & Glosse** (ab S. 97) **Rezension** (ab S. 107)	**Reportage** (ab S. 113)	**Werbetexte** (ab S. 58)

Brief (ab S. 49)

Mischformen
Diese Textsorten haben mehrere Aussage-absichten zugleich und lassen sich nicht ausschließlich einer Kategorie zuordnen.

© Verlag an der Ruhr | Postfach 10 2251 | 45422 Mülheim an der Ruhr | www.verlagruhr.de | ISBN 978-3-8346-0457-6

Aufsätze konkret – *Tipps und Schreibanleitungen vom Unfallbericht bis zum Zeitungsartikel*

Arbeitsschritte beim Verfassen von Texten

Eingrenzung des Themas

Sammeln von Infomaterial

Sichtung und Auswahl des Materials

Erstellung einer Gliederung des Textes

Zuordnung der Informationen zu den Gliederungspunkten

Textproduktion

äußere Form	Inhalt	Stil

äußere Form	Inhalt	Stil
• übersichtliche Gestaltung des Textes • Absätze • Überschrift/Zwischen-überschriften • Rechtschreibung und Grammatik überprüfen	• Informationen auf das Wesentliche reduzieren • notwendige Erklärungen liefern • roten Faden bewahren • Gliederung einhalten • nur das schreiben, was du selbst verstanden hast	• kurze, klare Sätze • Wechsel zwischen Haupt- und Nebensätzen • Satzanfänge variieren • Fremdwörter vermeiden • Konjunktionen zur Satz-verknüpfung • Verben statt Substan-tivierungen • Wiederholungen vermeiden • Aktiv statt Passiv

Aufsätze konkret – *Tipps und Schreibanleitungen vom Unfallbericht bis zum Zeitungsartikel*   © Verlag an der Ruhr | Postfach 10 22 51 | 45422 Mülheim an der Ruhr | **www.verlagruhr.de** | ISBN 978-3-8346-0457-6

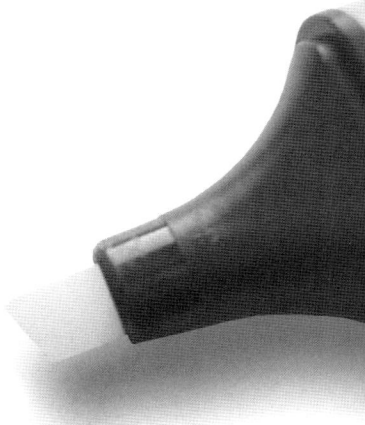

Handwerkszeug

Umgang mit Nachschlagewerken   10

Nachschlage-Rallye   11

Themeneingrenzung   12

Organisation der Ideen   13

Arbeitsteiliges Schreiben   14

Tipps zum verständlichen Schreiben   15

Tricks gegen Schreibblockaden   16

Umgang mit Nachschlagewerken

INFO

*Wenn du einen fundierten und informativen Text schreiben willst, brauchst du viele **Hintergrundinformationen** zu deinem Thema. Du kannst deine Lehrer oder andere Experten fragen, im **Internet** recherchieren oder die **Bibliothek** aufsuchen. Dort steht dir ein breites Spektrum an **Nachschlagewerken** zur Verfügung. Mach dich einmal damit vertraut, welche es gibt. Es lohnt sich auf jeden Fall. Schließlich kann niemand alles wissen – man sollte aber immer wissen, wo man nachschauen muss, wenn man etwas nicht weiß.*

Wo findest du welche Informationen?

 Allgemeine Informationen, kurzer Überblick über ein Thema:
Lexika, z.B. Brockhaus oder Meyers Großes Taschenlexikon

 Alternative Ausdrucksmöglichkeiten:
Synonymwörterbuch

 Erklärung von Fremdwörtern:
Fremdwörterlexikon, Fremdwörterduden

 Rechtschreibung, Zeichensetzung:
Duden

 Biografische Informationen über Personen des öffentlichen Lebens:
deutsche Ausgabe: „Wer ist wer?",
englische Ausgabe: „Who is who?"

 Geographische Karten:
Atlas

 Informationen über verschiedene Länder:
Munzinger-Archiv (Loseblatt-Sammlung)

 Bücher, die im Handel erhältlich sind:
Verzeichnis lieferbarer Bücher

 Zahlen und Statistiken aus der Bundesrepublik:
Statistisches Jahrbuch für die Bundesrepublik Deutschland

Rasch in einem Buch zurechtfinden kannst du dich mit folgenden Hilfen:

⇨ Alle Nachschlagewerke sind gleich aufgebaut: Sie sind **alphabetisch** geordnet (ä, ö und ü werden als ae, oe und ue behandelt).

⇨ In Nachschlagewerken gibt es auf jeder Seite zur besseren Orientierung **„Kopfwörter"**. Links oben in der Kopfzeile steht das erste Wort der Doppelseite, rechts oben das letzte.

⇨ **Inhaltsverzeichnis**

⇨ **Vorwort** (informiert über Zielsetzung und Aufbau des Buches)

⇨ **Querverweise** zu weiteren Artikeln zum Thema

⇨ Erläuterungen der im Buch verwendeten **Zeichen** und **Abkürzungen**

⇨ **Personen-** und **Ortsregister**

⇨ **Stichwortregister** (Index)

Aufsätze konkret – *Tipps und Schreibanleitungen vom Unfallbericht bis zum Zeitungsartikel*

© Verlag an der Ruhr | Postfach 102251 | 45422 Mülheim an der Ruhr | **www.verlagruhr.de** | ISBN 978-3-8346-0457-6

Nachschlage-Rallye

Handwerkszeug

INFO

 Beantworte die Fragen. Notiere zu den Lösungen auch die entsprechenden Fundstellen. Nenne dabei in der folgenden Reihenfolge

⇨ den Verfasser,

⇨ den genauen Titel,

⇨ den Erscheinungsort, das Erscheinungsjahr,

⇨ und zum Schluss die Seitenzahl.

So können andere deine Angaben nachvollziehen und überprüfen. Wenn du Hilfe brauchst, wende dich an die Bibliothekare.

*Bei einer **Nachschlage-Rallye** kannst du den Umgang mit Nachschlagewerken trainieren und Hilfsmittel wie Duden oder Lexika besser kennenlernen. In der Schulbücherei oder der städtischen Bibliothek findest du eine Menge Bücher, die dir dabei helfen, die nebenstehenden Aufgaben zu lösen.*

1 Welche Synonyme findet du für das Wort **diskret**?

2 Was bedeutet das Zeichen ~ in deinem Wörterbuch?

3 Welches waren im Jahr 2007 die **häufigsten 10 Vornamen für Jungen** in Deutschland?

4 Was bedeutet das türkische Wort **elma**?

5 Wie heißt die **Hauptstadt** des westafrikanischen Landes **Benin**?

6 Was versteht man unter **Iwrith**?

7 An welche Länder grenzt **Polen**?

8 Was geschah am **19.6.1976** in Schweden?

9 Die folgenden Wörter sind falsch geschrieben: Akkustik, Rythmus, entgültig, Endgeld, Numerierung. Wie lautet ihre **korrekte Schreibweise?**

10 Was bedeuten die folgenden **Abkürzungen**: HR, FDJ, FIFA, ISO, OB?

11 Wie lauten die **Begegnungen** und **Ergebnisse** des **Halbfinales** bei der **Fußballweltmeisterschaft 2006** in Deutschland?

12 Was versteht man unter **Ungleichflüglern**?

13 Wer war **Marie Tussaud**?

14 Wer war oder ist **Christian Schwarz-Schilling**?

15 Was bedeutet das Wort „**Immutabilität**"?

© Verlag an der Ruhr | Postfach 102251 | 45422 Mülheim an der Ruhr | www.verlagruhr.de | ISBN 978-3-8346-0457-6

Aufsätze konkret – *Tipps und Schreibanleitungen vom Unfallbericht bis zum Zeitungsartikel*

Themeneingrenzung

Kennst du folgende Situation? Du hast dir ein Thema ausgesucht, über das du schreiben möchtest, findest aber keinen geeigneten Einstieg. Das kann daran liegen, dass du dich im Thema verzettelt hast, weil es zu allgemein formuliert ist. In diesem Fall ist es sinnvoll, das Thema näher einzugrenzen und auf einen einzigen oder einige wenige Aspekte zu beschränken. Wie das am besten funktioniert, kannst du an dem nebenstehenden Beispiel „Freizeitangebot für Jugendliche in Dortmund" nachvollziehen.

 Du findest in der Tabelle verschiedene Vorschläge dazu, wie du dieses Thema eingrenzen und zugleich thematische Schwerpunkte setzen kannst. Das ist insbesondere dann wichtig, wenn du für eine bestimmte Zielgruppe schreibst bzw. eine bestimmte Intention verfolgst.

Dabei lässt du dich von Fragen leiten wie:

⇨ Was ist für die Leser interessant?

⇨ Was passt in die Zeitung/das Ressort?

Freizeitangebot für Jugendliche in Dortmund

Eingrenzungskriterium	Konkretisierungsmöglichkeiten
Zeit	⇨ historische Perspektive: früher – jetzt ⇨ im Sommer ⇨ in den Ferien ⇨ am Wochenende
Ort	⇨ in der Stadtmitte ⇨ im Ortsteil xy
Sparte	⇨ Sport ⇨ Kultur ⇨ Computer
Zielgruppe	⇨ Altersbegrenzung ⇨ Jungen/Mädchen
Periodizität	⇨ regelmäßig ⇨ einmalige Veranstaltung
Träger	⇨ Stadt ⇨ Verein ⇨ Privatinitiative
aus der Sicht bestimmter Personen	⇨ Eltern ⇨ Jugendliche ⇨ Politiker

gesunde Ernährung

Haustierhaltung

Fußball-Bundesliga

 Probiere nun, für eines der folgenden Themen verschiedene Teilaspekte zu finden. Welche Kriterien du anwendest, hängt natürlich von deinem Thema ab.

aktuelle Kinofilme

Geschichte der Bundesrepublik Deutschland

Erste Hilfe

Aufsätze konkret – *Tipps und Schreibanleitungen vom Unfallbericht bis zum Zeitungsartikel*

© Verlag an der Ruhr | Postfach 10 22 51 | 45422 Mülheim an der Ruhr | **www.verlagruhr.de** | ISBN 978-3-8346-0457-6

Organisation der Ideen

Beispielthema: „Auf dem Bauernhof"

Deine Gedanken kannst du in einer **Tabelle** zusammenstellen, indem du links Oberbegriffe zum Thema einträgst und rechts deine Ideen dazu notierst.

Oberbegriffe	Ideen
Personen	Bauer Meyer; Besucher auf dem Hof; Kunden, die dort einkaufen ...
Themen	Lebensmittelverkauf; Tiere, die dort leben ...
Probleme	finanzielle Situation ...
...	...

INFO

Bevor du anfängst, einen Text zu schreiben, solltest du deine Ideen sammeln und ordnen. Dazu suchst du am besten zunächst Oberbegriffe, denen sich deine Gedanken und Ideen unterordnen lassen. Diese Vorgehensweise nennt man „Brainstorming". Die Ergebnisse deines Brainstormings kannst du auf unterschiedliche Weise ordnen:

1. Erstellen einer Tabelle
2. Erstellen eines Clusters

Du kannst deine Gedanken aber auch mit Hilfe eines **Clusters** bildhaft strukturieren. Nimm dazu am besten ein großes Blatt Papier im Querformat. In die Mitte schreibst du dein Thema. Von dort aus führen verschiedene Abzweigungen zu Unteraspekten deines Themas. Diese kannst du dann mit Hilfe weiterer Äste noch weiter ausdifferenzieren.

Ergänze dieses Cluster mit deinen eigenen Assoziationen zum Thema „Bauernhof".

tierisch

Gebäude

Produkte

Gemüse

Tiere

Auf dem Bauernhof

pflanzlich

Obst

Korn

Maschinen

Tätigkeiten

Melkmaschine

Traktor

13

Aufsätze konkret – Tipps und Schreibanleitungen vom Unfallbericht bis zum Zeitungsartikel

© Verlag an der Ruhr | Postfach 10 2251 | 45422 Mülheim an der Ruhr | **www.verlagruhr.de** | ISBN 978-3-8346-0457-6

Arbeitsteiliges Schreiben

INFO

*Ganz gleich, was für eine Art von Text du schreiben möchtest, der Schreibprozess ist immer der gleiche. Nachdem du dich für ein Thema entschieden hast, gehst du in folgenden **vier Schritten** vor:*

1. *Ideen sammeln, Material zusammentragen, recherchieren*
2. *Gliederung erstellen, Auswahl aus dem Material treffen*
3. *Text ausformulieren*
4. *Text überarbeiten*

Was in diesen einzelnen Phasen genau abläuft, wird dir am besten klar, wenn du es einmal ausprobierst.

Bildet dazu Vierergruppen. Legt fest, welche Art von Texten ihr schreiben wollt, also z.B. eine Tierbeschreibung oder einen Bericht. Jeder sucht sich ein Thema seiner Wahl und notiert dann fünf Minuten lang alles, was ihm dazu einfällt. Anschließend gibt jeder sein Blatt an den rechten Nachbarn weiter und erhält dafür den Zettel seines linken Nachbarn. Nun erstellt jeder anhand der Ideen des Mitschülers eine Gliederung für den Text. Nach fünf Minuten wandert das Blatt wieder weiter. Der nächste Schüler formuliert mit den Ideen gemäß der Gliederung einen Text. Natürlich kann er eigene Einfälle ergänzen.

Nach zehn Minuten kommen die Texte zu ihrer letzten Station: Es gilt nun, den Text zu überarbeiten, z.B. Rechtschreibung und Zeichensetzung zu korrigieren oder Formulierungen zu verbessern. Zum Schluss bekommt jeder den Zettel mit seinem Themenvorschlag zurück und sieht, was aus seinen Ideen geworden ist.

Nach welchen Kriterien kann man eine Gliederung erstellen?

⇨ chronologisch (nach zeitlicher Abfolge der Aspekte)
⇨ nach Wichtigkeit der Aspekte
⇨ Oberbegriffe suchen und Details als Unterpunkte zuordnen
⇨ Gegenüberstellung von Pro und Kontra

Themenideen

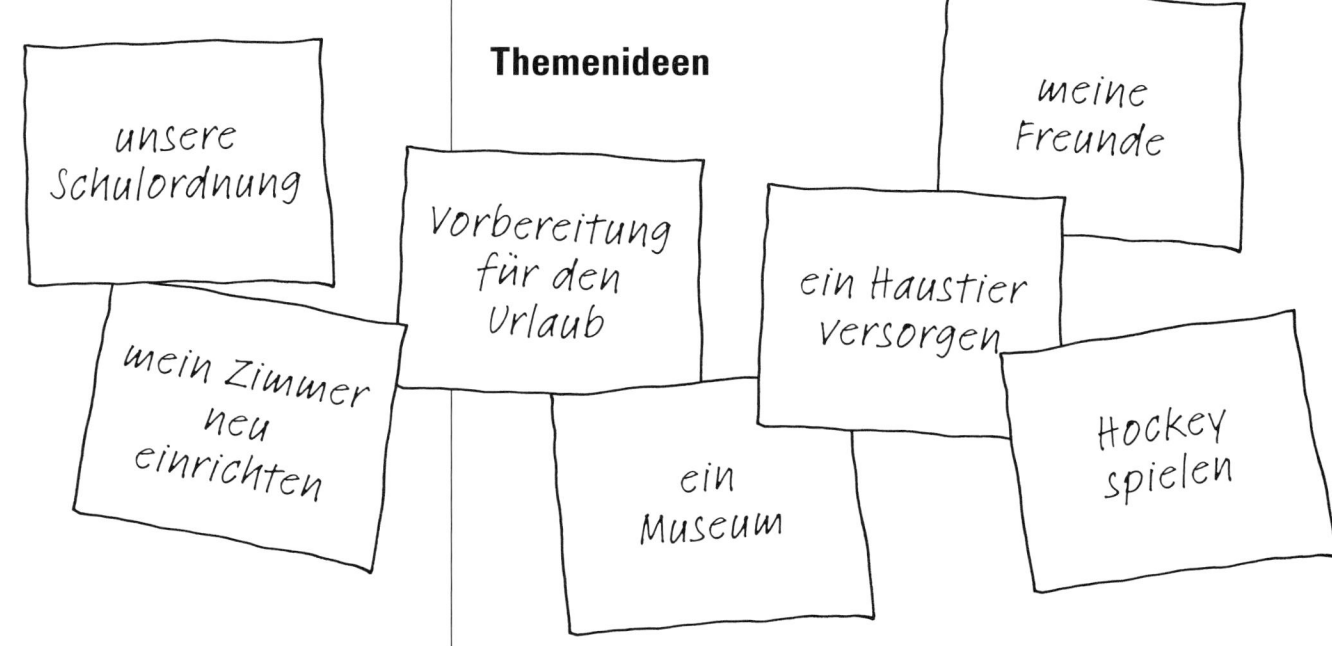

Aufsätze konkret – *Tipps und Schreibanleitungen vom Unfallbericht bis zum Zeitungsartikel*   © Verlag an der Ruhr | Postfach 10 22 51 | 45422 Mülheim an der Ruhr | **www.verlagruhr.de** | ISBN 978-3-8346-0457-6

Tipps zum verständlichen Schreiben

Damit deine Texte gut lesbar sind und deinem Leser tatsächlich nutzen, solltest du folgende Punkte beachten:

 Grenze dein Thema ein und setze in deinem Text entsprechende Schwerpunkte.

 Informiere dich vor dem Schreiben gründlich über dein Thema.

 Achte darauf, für wen du schreibst und welches Vorwissen du bei deinem Leser voraussetzen kannst.

 Erstelle eine klar strukturierte Gliederung, bevor du anfängst zu schreiben und halte dich an diese Struktur.

 Beginne nach jedem Gedanken einen neuen Abschnitt.

 Sorge für schlüssige Verknüpfungen zwischen zwei Gedankengängen, um Gedankensprünge im Text zu vermeiden.

 Verwende Satzzeichen.

 Bilde abwechslungsreiche Sätze, die nicht immer mit demselben Wort anfangen (z.B. „dann"), sondern durch die entsprechenden Konjunktionen eingeleitet werden.

 Benutze Verben statt Nominalisierungen und schreibe lieber im Aktiv als im Passiv.

 Bemühe dich um treffende und präzise Formulierungen.

 Erkläre alle Fachbegriffe so, dass dein Leser versteht, was du damit meinst.

 Versichere dich, dass du keine wesentlichen Informationen vergessen hast.

 Überprüfe, ob dein Text unwichtige, beziehungsweise zu detaillierte Informationen enthält.

 Streiche Füllwörter, die deinen Text unnötig aufblähen.

 Lies am Schluss alles noch einmal kritisch durch und kontrolliere Rechtschreibung sowie Zeichensetzung.

INFO

*Sachtexte haben den Ruf, nüchtern und langweilig zu sein. Das liegt daran, dass sie große Mengen an Informationen enthalten, keine Handlung haben, sehr sachlich geschrieben sind und keine Spannung aufgebaut wird. Deshalb ist es eine besondere Kunst, **verständliche, anschauliche** und **interessante Sachtexte** zu schreiben.*

Tipp:
Ersetze zehn Wörter, die dir nicht gut gefallen, durch andere!

Tipp:
Versuche Sätze umzustellen, damit der Satzbau lebendiger wird!

15

© Verlag an der Ruhr | Postfach 102251 | 45422 Mülheim an der Ruhr | www.verlagruhr.de | ISBN 978-3-8346-0457-6

Aufsätze konkret – *Tipps und Schreibanleitungen vom Unfallbericht bis zum Zeitungsartikel*

Tricks gegen Schreibblockaden

INFO

Britta schreibt immer gern und viel, ihre Freundin Svenja hingegen tut sich mit dem Schreiben von freien Texten schwer. Deshalb bittet sie Britta um ein paar Tipps, wie sie ihre Schreibblockaden in den Griff kriegen kann.

 Welche von Brittas Tipps könnten auch dir weiter-helfen?
Probiere selbst aus, mit welchen Methoden du am meisten erreichst.

Svenja:	„Immer, wenn wir was schreiben sollen, habe ich superviel im Kopf, ganz tolle Ideen, aber wenn ich dann anfangen will, fällt mir nichts mehr ein."
Britta:	„Das liegt wahrscheinlich daran, dass dir zwar viel durch den Kopf geht, aber die Struktur fehlt. Überleg zuerst, was du genau schreiben willst und mach einen Plan, an dem du abhaken kannst, worauf du bereits eingegangen bist."
Svenja:	„So ein Plan ist ja schön und gut, aber davon habe ich noch keinen Anfang für meinen Text."
Britta:	„Fang doch einfach mittendrin an! Der erste Satz, den du schreibst, muss doch am Ende nicht der Anfang deines Textes sein. Beginne mit dem Teil des Textes, der dir am leichtesten fällt. Dann hast du schon mal ein Erfolgserlebnis, bevor es schwieriger wird."
Svenja:	„Mir fällt es gar nicht so leicht, überhaupt einen Satz zu schreiben. Ich denke sehr lange über die Formulierungen nach, denn das soll sich ja gut anhören."
Britta:	„Es würde dir bestimmt helfen, nicht jedes Wort auf die Goldwaage zu legen, sondern deine Gedanken so zu Papier zu bringen, wie sie dir einfallen. Korrigieren und umstellen kannst du deine Sätze später noch. Hauptsache, dein Schreibfluss wird nicht gestört."
Svenja:	„Aber es ist doch superaufwändig, wenn man den Text noch lange korrigieren muss."
Britta:	„Meinst du, ich gebe meine Texte so ab, wie sie mir gerade in den Sinn gekommen sind? Ich plane für die Überarbeitung eines Textes mehr Zeit ein als für das eigentliche Schreiben."
Svenja:	„Das hätte ich gar nicht gedacht. Deine Texte klingen immer so perfekt."
Britta:	„Ich habe auch meine Schwierigkeiten beim Schreiben. Ich kann mich nicht so lange konzentrieren. Nach einiger Zeit am Schreibtisch werde ich unruhig, stehe auf, hole mir was zu trinken, blättere ein paar Seiten in einem Buch herum, rufe kurz jemanden an …"
Svenja:	„Und was machst du dagegen?"
Britta:	„Ich lege eine Pause ein und gehe z.B. spazieren. Manchmal hilft es mir auch, mit jemandem über den Text zu reden, um neue Anregungen zu bekommen."

 Hast du beim Schreiben noch andere Probleme als die, die Svenja und Britta ansprechen? Diskutiert in der Klasse darüber und versucht, gemeinsam eine Lösung zu finden.

Aufsätze konkret – *Tipps und Schreibanleitungen vom Unfallbericht bis zum Zeitungsartikel* — © Verlag an der Ruhr | Postfach 10 22 51 | 45422 Mülheim an der Ruhr | **www.verlagruhr.de** | ISBN 978-3-8346-0457-6

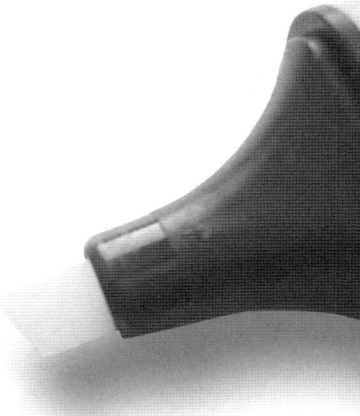

Inhaltsangabe

Merkmale von Inhaltsangaben 18

Informationen aus einem Text herausfiltern 19

Tipps für die Inhaltsangabe 20

Wiedergabe eines Zeitungsartikels 21

Inhaltsangaben zum Verbessern 22

Klappentext 23

Sätze vereinfachen 24

Merkmale von Inhaltsangaben

Wenn du im Kino warst, fragen dich deine Freunde häufig *„Um was ging's in dem Film denn?"* Dann gibst du ihnen einen kurzen **Überblick über die Handlung**, erzählst, welche Szenen dir besonders gefallen haben und nennst Schauspieler, die mitgespielt haben. Du lieferst deinen Freunden also eine **kurze Zusammenfassung** des Films. Damit sie die Handlung nachvollziehen können, darfst du keine wesentlichen Informationen vergessen.

Solche Inhaltsangaben erstellt man nicht nur von Filmen, sondern auch häufig von Texten, die in der Schule behandelt werden. Mit Hilfe von Inhaltsangaben kannst du dich schnell über den Inhalt eines ausführlichen Textes oder sogar ganzer Bücher informieren. Um eine Inhaltsangabe zu schreiben, solltest du den Text gründlich gelesen und komplett verstanden haben.

Folgende Informationen gehören in die **Einleitung**:

⇨ Autor des Textes
⇨ Quelle des Textes *(Zeitung, Sammelschrift, Internet etc.)*
⇨ Textsorte
⇨ Erscheinungsdatum
⇨ Thema des Textes
⇨ Informationen über die wichtigsten Personen und Handlungsschauplätze des Textes sowie den Textinhalt

Im **Hauptteil** gibst du eine kurze Zusammenfassung der Handlung bzw. des Textinhalts, ohne jedoch zu bewerten oder zu interpretieren. Du schreibst nur das, was tatsächlich im Text zu lesen ist, nicht das, was du dir dank deines entsprechenden Hintergrundwissens dazu denken kannst. Dabei musst du dich nicht streng am Aufbau deiner Vorlage orientieren, sondern kannst z.B. Umstellungen vornehmen.

Schreibe deine Inhaltsangabe in knappen, sachlichen Sätzen, die im Präsens stehen. Löse dich so weit wie möglich von der Vorlage und gib den Text in deinen eigenen Worten wieder, statt Formulierungen abzuschreiben.

Ein häufiger Fehler ist, zu sehr an der Vorlage zu „kleben" und deshalb viele Formulierungen einfach zu übernehmen, statt den Text in eigenen Worten zusammenzufassen.

Als Faustregel gilt: Eine Inhaltsangabe sollte mindestens zwei Drittel kürzer sein als die Vorlage.

Merkmale der Inhaltsangabe

 kurze Zusammenfassung der Hauptaspekte

 sachlicher Stil

 keine wörtliche Rede

 Verwendung des Präsens

 Formulierung in eigenen Worten

 keine Bewertungen

Aufsätze konkret – *Tipps und Schreibanleitungen vom Unfallbericht bis zum Zeitungsartikel*   © Verlag an der Ruhr | Postfach 10 2251 | 45422 Mülheim an der Ruhr | **www.verlagruhr.de** | ISBN 978-3-8346-0457-6

Informationen aus einem Text herausfiltern

Inhaltsangabe

INFO

 Lies die folgende Länderinformation über die Türkei und ergänze die Tabelle.

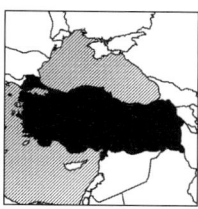

Türkei

Die Türkei liegt dort, wo Europa und Asien aufeinandertreffen. Die Geschichte der Türkei reicht von den alten Zivilisationen der Hethiter über eine griechische und römische Phase bis zur byzantinischen Phase, gefolgt vom Osmanischen Reich.

Die moderne türkische Republik wurde 1923 als westlicher säkularer Staat gegründet. In dem 775 000 km² großen Staatsgebiet leben etwa 70 Mio. Menschen. Nahezu 98 % der Bevölkerung sind Muslime.

Im Jahr 330 wurde Konstantinopel (das heutige Istanbul) Hauptstadt des Byzantinischen Reichs. Seit 1923 ist Ankara die Hauptstadt der Türkei und löste die Metropole Istanbul ab, die aber in fast allen Bereichen weiterhin den Status der „inoffiziellen" Hauptstadt innehat.

Zu den architektonischen Meisterleistungen der Türkei zählen die Moscheen Selimiye und Suleymaniye sowie die weltbekannte Kirche Hagia Sofia. In der türkischen Küche gibt es viele Lammgerichte. Äußerst beliebt ist auch ein Jogurt aus Ziegenmilch. Der Kaffee hat in der Türkei eine lange Tradition und Kaffeehäuser sind ein beliebter Treffpunkt. Zu den berühmtesten Türken gehört der Gründer der modernen Türkei, Mustafa Kemal Atatürk.

— http://europa.eu/abc/european_countries/candidate_countries/turkey/index_de.htm, 20.11.2008

> Um einen Sachtext zu schreiben, brauchst du viele **Informationen** zu einem bestimmten Thema. Diese filterst du aus der entsprechenden Fachliteratur oder anderen Informationsquellen heraus. Du kannst dir das Filtern erleichtern, wenn du zielgerichtet liest: Formuliere vor dem Lesen **Fragen**, auf die du im Text eine Antwort suchst. Besonders übersichtlich ist es, wenn du diese **Fragen als Stichwörter in eine Tabelle** einträgst. Wenn du verschiedene Texte zu einem Thema liest, kannst du deine Tabelle nach und nach vervollständigen. Eine solche Übersicht hilft dir z.B., die Inhaltsangabe eines Textes zu schreiben.

Staatsform	Republik
Fläche	
Einwohnerzahl	
Hauptstadt	
Religion	
Sehenswürdigkeiten	
Essen und Trinken	
Berühmte Persönlichkeiten	

 Suche nun einen Text, zu dem du eine Inhaltsangabe schreiben möchtest. Erstelle eine entsprechende Tabelle, um die Informationen aus dem Text herauszufiltern.

© Verlag an der Ruhr | Postfach 10 2251 | 45422 Mülheim an der Ruhr | www.verlagruhr.de | ISBN 978-3-8346-0457-6

Aufsätze konkret – Tipps und Schreibanleitungen vom Unfallbericht bis zum Zeitungsartikel

Tipps für die Inhaltsangabe

INFO

Ein häufig begangener Fehler bei Inhaltsangaben ist, zu sehr am Wortlaut des Textes hängen zu bleiben und lange Passagen oder bestimmte Formulierungen einfach abzuschreiben. Versuche einmal, beim Schreiben der Inhaltsangabe nicht in der Vorlage nachzulesen. So kannst du vermeiden, Formulierungen daraus zu übernehmen.

Gehe folgendermaßen vor:

1. Lies den Text einmal schnell durch, um dir einen Überblick zu verschaffen.
2. Markiere Schlüsselwörter und wichtige Textstellen in verschiedenen Farben.
3. Fasse die Aussagen von einzelnen Sinnabschnitten in zwei, drei Stichwörtern zusammen.
4. Bilde Oberbegriffe zum Inhalt des Textes und ordne die Informationen des Textes stichpunktartig den Oberbegriffen zu.
5. Lege deine Vorlage zur Seite und formuliere die Inhaltsangabe anhand deiner Stichwortliste.
6. Kontrolliere, ob sich in deinem Text alles logisch aufeinander bezieht. Markiere Stellen, die dir noch nicht gefallen oder die für dich fraglich sind.
7. Schaue nun noch einmal in deine Textvorlage und überprüfe, ob du alle wichtigen Aspekte der Vorlage in deiner Inhaltsangabe berücksichtigt hast.
8. Kontrolliere die Inhaltsangabe hinsichtlich einzelner Formulierungen, Rechtschreibung und Zeichensetzung.

Aufsätze konkret – *Tipps und Schreibanleitungen vom Unfallbericht bis zum Zeitungsartikel*

© Verlag an der Ruhr | Postfach 10 22 51 | 45422 Mülheim an der Ruhr | **www.verlagruhr.de** | ISBN 978-3-8346-0457-6

 Versuche, einen kurzen Text mit rund 100 Wörtern in 20 Wörtern zusammenzufassen, um das Schreiben von Inhaltsangaben zu trainieren. Lies den Text, mach dir dabei Notizen und formuliere dann deine Inhaltsangabe, ohne im Originaltext nachzuschauen.

Eine gute Hilfe bei Zusammenfassungen ist es, den Text anhand von **W-Fragen** nachzuerzählen.

Mit den W-Fragen ⇨ „Wie?",
⇨ „Was?",
⇨ „Wer?",
⇨ „Wann?",
⇨ „Wo?",
⇨ „Warum?"

kannst du die Hauptinformationen aus dem Text herausfiltern und in deine Inhaltsangabe einarbeiten.

 Probiere es einmal aus: Stelle zu dem folgenden Text W-Fragen zusammen und beantworte sie mit Informationen aus dem Text. Schreibe dann anhand dieser Fragen und Antworten eine Inhaltsangabe und vergleiche sie anschließend mit der Vorlage.

Gesund essen
Es dürfen auch mal Kumquats sein

Fünf Portionen Obst und Gemüse am Tag fördern die Gesundheit. Wer aber immer nur zu Apfel und Karotte greift, hilft sich nicht unbedingt. Exotische Früchte bringen Abwechslung auf den Teller und fördern die Gesundheit. Kumquats, Granatäpfel und anderes Obst aus fremden Ländern enthalten unter anderem viele Antioxidantien. Diese Stoffe schützen die Zellen und wirken gegen zahlreiche Erkrankungen und gegen eine vorzeitige Alterung des Körpers. Gesundheitsbewusste greifen deshalb gern zu den exotischen Vitaminspendern.

— *www.sueddeutsche.de, 28.08.2008*

Wiedergabe eines Zeitungsartikels

 Bei einer Inhaltsangabe solltest du keine Formulierungen aus dem Text übernehmen, sondern die wichtigsten Aussagen in deinen eigenen Worten zusammenfassen.
Lies den folgenden Zeitungsartikel und unterstreiche die wichtigsten Aspekte. Untergliedere den Artikel dann in einzelne Sinnabschnitte und nenne die Hauptgedanken des jeweiligen Abschnittes.

Aktionstag gegen Neonazi-Werbung

Dorstfeld. Hunderte von Schnipseln mit einer Internetadresse wurden unmittelbar vor den Schulferien auf dem Schulhof des Reinoldus-Schiller-Gymnasiums verstreut. Jedoch führten die Links nicht zu Werbeanzeigen, sondern zu Hetzparolen von Neonazis. „Unfassbar", finden Schüler, Lehrer und Eltern und starten jetzt einen Aufruf gegen den Rechtsradikalismus. Schulen sind als bevorzugtes Ziel für Propaganda-Aktionen schon seit geraumer Zeit in das Visier brauner Organisationen gerückt. Kinder und Jugendliche sollen schon früh für Parolen von Hass, Rassismus und Intoleranz empfänglich gemacht werden.

Das Reinoldus-Schiller-Gymnasium, es hat mit „Courage gegen Rechts" und der ai-Schülergruppe bereits zwei Arbeitsgemeinschaften gegen Rechtsradikalismus, wehrt sich nun mit einem Flugblatt und auf der Internetseite gegen die braunen Aktionen: „Wir fordern alle Schülerinnen und Schüler wie auch ihre Eltern auf, gegenüber dem Rechtsradikalismus Stellung zu beziehen, sich über seine Hintergründe zu informieren und die Schulen durch politische Aufklärung und engagiertes Handeln gegen den Rechtsradikalismus zu stärken", heißt es in dem Aufruf. Für Freitag, den 12. September, hat man am RSG einen „Aktionstag gegen Rechts" geplant und fordert die Dortmunder Parteien auf, „die Schulen in ihrem Engagement aktiv zu unterstützen."

— *www.derwesten.de, 21.08.2008*

 Nun kannst du mit Hilfe deiner „Vorarbeit" eine Inhaltsangabe des Textes erstellen.

Inhaltsangabe zu

Tipp:
Benutze eigene Worte und Formulierungen!

21

© Verlag an der Ruhr | Postfach 102251 | 45422 Mülheim an der Ruhr | www.verlagruhr.de | ISBN 978-3-8346-0457-6

Aufsätze konkret – *Tipps und Schreibanleitungen vom Unfallbericht bis zum Zeitungsartikel*

Inhaltsangaben zum Verbessern

Vorsicht: In einem der Texte hat sich ein sachlicher Fehler eingeschlichen!

 Lies die folgenden drei Inhaltsangaben des Zeitungsartikels „Aktionstag gegen Neonazi-Werbung" (s. S. 21).
Wie gefallen dir die drei Inhaltsangaben?
Was kannst du an diesen Texten noch verbessern?

Inhaltsangabe

In dem Artikel aus „Der Westen" vom 21.08.2008 geht es darum, dass am Reinoldus-Schiller-Gymnasium kurz vor Ferienbeginn Hunderte von Zetteln mit einer Internetadresse gefunden wurden. Der Internetlink führte aber nicht zu Werbeanzeigen, sondern zu einer Seite mit Hetzparolen von Neonazis.
Schüler, Lehrer und Eltern sind fassungslos. Der Verfasser des Artikels stellt fest, dass Schulen mittlerweile ein bevorzugtes Ziel von Propaganda-Aktionen rechts gerichteter Organisationen sind. Diese wollen Kinder und Jugendliche schon früh zu Hass, Rassismus und Intoleranz aufhetzen. Als Reaktion darauf rief das RSG in einem Flugblatt dazu auf, dass Politiker und Lehrer eindeutig Position gegen diese rechten Parolen beziehen sollen und politische Aufklärungsarbeit betrieben werden muss, um Schulen gegen den Rechtradikalismus zu stärken. Um dieser Forderung nachzukommen, hat das RSG am 12. September einen „Aktionstag gegen Rechts" geplant, an dem auch die Dortmunder Parteien teilnehmen sollen.

Inhaltsangabe

Das Reinoldus-Schiller-Gymnasium in Dorstfeld war das Ziel einer rechtsradikalen Propaganda-Aktion: Auf dem Schulhof wurden Zettel mit einer Internetadresse verstreut, die zu einer Seite mit Hetzparolen von Neonazis führte. Das RSG wehrt sich dagegen in einem Flugblatt, in dem es aufruft, gegen den Rechtsradikalismus Stellung zu beziehen. Aus diesem Grund hat das RSG am 12. September einen „Aktionstag gegen Rechts" geplant.

Inhaltsangabe

Der vorliegende Artikel aus „Der Westen" informiert über eine Propaganda-Aktion einer rechtsradikalen Gruppe am Reinoldus-Schiller-Gymnasium in Dorstfeld. Dort wurden kurz vor Beginn der Schulferien auf dem Schulhof Hunderte von Zetteln mit einer Internetadresse gefunden, die zu Hetzparolen von Neonazis führte. Der Artikel stellt fest, dass Schulen bereits seit längerer Zeit ein beliebtes Ziel von Werbeaktionen rechtsradikaler Organisationen sind, um Kinder und Jugendliche schon früh für Parolen von Hass, Rassismus und Intoleranz empfänglich zu machen. Das RSG rief als Gegenreaktion in einem Flugblatt Schüler und Eltern dazu auf, gegen den Rechtsradikalismus Position zu beziehen und durch Aufklärungsarbeit Schulen gegen rechte Parolen stark zu machen. Bei einem „Aktionstag gegen Rechts" am 12. September will das RSG dieser Forderung Nachdruck verleihen.

 Welche Inhaltsangabe gefällt dir am besten? Warum?

Aufsätze konkret – *Tipps und Schreibanleitungen vom Unfallbericht bis zum Zeitungsartikel*   © Verlag an der Ruhr | Postfach 102251 | 45422 Mülheim an der Ruhr | **www.verlagruhr.de** | ISBN 978-3-8346-0457-6

Klappentext

Inhaltsangabe

 Lies den folgenden Klappentext eines Reiseführers über Hamburg.

> „Hamburg hat einiges zu bieten. Zahlreiche historische Gebäude und rund 50 Museen locken kulturinteressierte Besucher, idyllische Parkanlagen laden zum Entspannen ein und auf der berühmten Reeperbahn tummeln sich erlebnishungrige Nachtschwärmer. Aber auch die Stadt an sich ist schon eine Sehenswürdigkeit. Eine ganz besondere Attraktion ist die Hafengegend, deren maritimes Flair der Stadt ihre außergewöhnliche Atmosphäre verleiht. Der Reiseführer zeigt die schönsten Routen durch die abwechslungsreiche Hafenstadt, in der sich fast alles schnell zu Fuß erreichen lässt. Mit den aufwändigen Detailkarten der interessantesten Viertel sowie den exakten 3-D-Aufrisszeichnungen der wichtigsten Sehenswürdigkeiten ist auch die Orientierung vor Ort kein Problem."
>
> — Bruschke, Gerhard: Hamburg. München 2008

INFO

*Den **Text auf dem Rückumschlag eines Buches** nennt man Klappentext. Oft liefern dir Klappentexte eine Inhaltsangabe mit den wichtigsten Informationen über ein Buch, damit du dir im Geschäft oder in der Bibliothek einen schnellen Überblick verschaffen kannst, ohne lange zu suchen.*

 Weniger ausführlicher ist der Klappentext eines Berlin-Reiseführers aus einem anderen Verlag. Formuliere mit Hilfe der Stichpunkte einen ansprechenden Text über die Informationsangebote dieses Reiseführers.

Berlin komplett:

- 🌍 Sehenswertes
- 🌍 Museen und Galerien
- 🌍 Die 4 schönsten Stadtrundgänge
- 🌍 Die 3 lohnendsten Ausflüge in die Umgebung
- 🌍 ca. 80 Farbfotos
- 🌍 herausnehmbarer Stadtplan plus 12 Seiten Kartenatlas
- 🌍 1 Verkehrslinienplan, 4 Spaziergangskarten, 2 Übersichtskarten
- 🌍 EXTRA: Berlin-Lexikon – Von Bewohnern und Besuchern, Ereignissen und Erfindungen

— Buddée, Gisela: Berlin. München 2008

 Erstelle nun einen Klappentext für ein Buch deiner Wahl und stelle das Buch mit diesem Text in der Klasse vor.

© Verlag an der Ruhr | Postfach 10 22 51 | 45422 Mülheim an der Ruhr | www.verlagruhr.de | ISBN 978-3-8346-0457-6

Aufsätze konkret – Tipps und Schreibanleitungen vom Unfallbericht bis zum Zeitungsartikel

Sätze vereinfachen

Wenn du schwierige Texte liest, begegnest du häufig langen und sehr verschachtelten Sätzen. Bevor du den Inhalt eines solchen Textes in eigenen Worten wiedergeben kannst, musst du die **Schachtelsätze** *erst mal „auspacken". Markiere zuerst die wichtigsten Wörter des Satzungetüms (Schlüsselwörter). Aus ihnen bildest du dann portionsweise neue Sätze. Du musst keineswegs alle Informationen in einem Satz unterbringen.*

Ein Beispiel

Die <u>gestern aufgrund</u> des <u>Stromausfalls geschlossene</u> <u>Öresund-Brücke</u>, die die dänische Hauptstadt <u>Kopenhagen</u> und <u>Malmö</u>, die drittgrößte Stadt Schwedens, <u>miteinander verbindet</u>, ist mit einer <u>Länge</u> von <u>15,8 km</u> nach dem <u>britisch-französischen Kanaltunnel</u> und der <u>innerdänischen Verbindung</u> über den <u>Großen Belt</u> das <u>drittgrößte europäische Querungsprojekt</u>.

Dieses Satzmonster liest sich besser, wenn du die Informationen auf mehrere Sätze aufteilst:

<u>Aufgrund</u> des <u>Stromausfalls</u> wurde gestern die <u>Öresund-Brücke</u>, die <u>Kopenhagen</u> mit dem schwedischen <u>Malmö</u> verbindet, <u>geschlossen</u>. Sie ist mit einer <u>Länge von 15,8 km</u> nach dem <u>britisch-französischen Kanaltunnel</u> und der <u>innerdänischen Verbindung</u> über den <u>Großen Belt</u> das <u>drittgrößte europäische Querungsprojekt</u>.

Aufsätze konkret – *Tipps und Schreibanleitungen vom Unfallbericht bis zum Zeitungsartikel*

© Verlag an der Ruhr | Postfach 10 2251 | 45422 Mülheim an der Ruhr | www.verlagruhr.de | ISBN 978-3-8346-0457-6

 Lies die folgenden Schachtelsätze aus einem Zeitungsartikel über Dinosaurier und unterstreiche die Schlüsselwörter. Formuliere die Sätze dann so um, dass die wichtigsten Informationen erhalten bleiben.

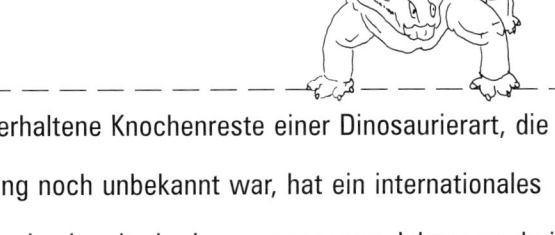

1 Gut erhaltene Knochenreste einer Dinosaurierart, die bislang noch unbekannt war, hat ein internationales Forscherteam, das bereits in den vergangenen Jahren an drei diversen Orten Knochen verschiedener Urechsen ausgrub, in Marokko entdeckt.

2 Bei der kürzlich in Marokko entdeckten Saurierart handelt es sich um einen neun Meter langen Vegetarier, der den Namen Tazoudasaurus naimi trägt und, wie der französische Paläontologe Philippe Taquet, der an der Ausgrabung beteiligt war, berichtete, vor rund 180 Millionen Jahren gelebt hat.

3 Für die Mittelmeerregion sei der Fund, so Forscher Taquet, eine große Seltenheit, da die meisten Saurier-Fossilien, die aus der Zeit vor rund 180 Millionen Jahren stammen, in Nordamerika entdeckt würden und sich nur selten Spuren dieser Tiere im Mittelmeerraum finden lassen würden.

4 Die vegetarische Saurierart Tazoudasaurus naimi ist ein Vorfahr der Großsaurier, die in der Jurazeit, also vor rund 180 Millionen Jahren, lebten und ist mit verschiedenen Saurierarten, die in Nordamerika, der für diese Tierart typischen Region, beheimatet waren, verwandt.

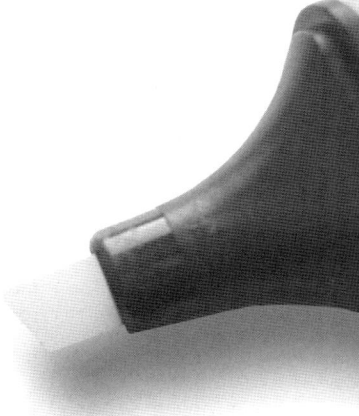

Beschreibung

Merkmale von Beschreibungen   26

Textbeispiele Beschreibungen   27

Personenbeschreibung   28

Gegenstandsbeschreibung   29

Verlustanzeige   30

Gebrauchsanweisung   31

Spielanleitung   32

Wegbeschreibung   33

Allerweltsverben   34

Merkmale von Beschreibungen

Wenn du dir einen neuen Pulli gekauft hast, erzählst du deiner Freundin am Telefon ganz genau, wie er aussieht. Du zählst möglichst viele Details auf, damit sie sich ein genaues Bild von diesem Pulli machen kann. Das ist der Sinn und Zweck einer Beschreibung:

Sie vermittelt dem Adressaten auch ohne eine Abbildung eine genaue Vorstellung davon, wie etwas aussieht, beschaffen ist, sich verhält oder funktioniert. Beschreibungen dienen dazu, Personen, Tiere oder Gegenstände zu identifizieren oder den Ablauf von Vorgängen darzustellen.

Bei der **Beschreibung einer Person oder eines Gegenstandes** gibst du zunächst den Gesamteindruck wieder und gehst danach auf Details ein. Am besten orientierst du dich beim Beschreiben in eine bestimmte Richtung, also von oben nach unten oder von links nach rechts. Auf diese Weise kannst du deine Beschreibung strukturieren und für den Leser nachvollziehbar machen.

Vorgangsbeschreibungen wie eine Bastelanleitung oder Gebrauchsanweisung präsentieren dem Leser die wesentlichen Phasen eines Vorgangs. Deine Beschreibung sollte den Leser dazu befähigen, diese Handlung selbst ohne Schwierigkeiten auszuführen. Deshalb solltest du bei einer Vorgangsbeschreibung chronologisch vorgehen und die entsprechenden Fachausdrücke benutzen. Beschreibungen formulierst du in sachlicher und präziser Sprache. Da Beschreibungen zeitlos sind, benutzt du das Präsens.

Wo findest du Beschreibungen?

 Personenbeschreibung z.B.:   ⇨ Porträt einer Person
(s. S. 28)   ⇨ Steckbrief bei der Polizei

 Gegenstandsbeschreibung z.B.: ⇨ Fundbüro
(s. S. 29, 30)   ⇨ Verlustanzeige bei der Polizei

 Vorgangsbeschreibung z.B.:   ⇨ Gebrauchsanweisung
(s. S. 31, 32, 33)   ⇨ Spiel- oder Bastelanleitung
  ⇨ Wegbeschreibung

Aufsätze konkret – *Tipps und Schreibanleitungen vom Unfallbericht bis zum Zeitungsartikel*

© Verlag an der Ruhr | Postfach 10 2251 | 45422 Mülheim an der Ruhr | **www.verlagruhr.de** | ISBN 978-3-8346-0457-6

Textbeispiele Beschreibung

Beschreibung

 Lies die folgenden Auszüge aus ganz unterschiedlichen Beschreibungen. Woher stammen diese Texte wohl? Finde weitere Beispiele für Beschreibungen.

In was für unterschiedlichen Zusammenhängen Beschreibungen im Alltag auftauchen, kannst du an diesen Beispielen sehen.

1 „Chicorée ist eine im Dunklen gezogene Zichorienart. Die weißen, an den Spitzen blassgelben Blätter bilden einen festen, länglich-ovalen Blattkopf."

2 „Das Hotel „Strandblick" wurde 1906 im Jugendstil in erster Reihe am Meer erbaut, 2000 wiedereröffnet und 2008 großzügig erweitert."

3 „Die Zooanlage wird von einem romantischen Orientalismus und dem ungarischen Jugendstil geprägt. Beide Stile vermischen sich am Haupteingang."

4 „Sobald die Sanduhr umgedreht ist, beginnt der erste Spieler sofort damit, seinem Team geeignete Hinweise zu dem gesuchten Begriff zu geben."

5 „Verwendung der Stopp-Taste:
1. Löschen eines Eingabefehlers während des Programmierens.
2. Unterbrechen des Gerätes während des Betriebes.
3. Zum Löschen eines Programms während des Betriebes die Stopp-Taste zweimal drücken."

6 „Anwendung: Morgens und abends sanft mit einem Wattebausch auf Gesicht und Hals auftragen. Belebt und erfrischt die Haut. Vitalisiert die Haut, spendet ihr Feuchtigkeit und verleiht angenehme Frische."

7 „Basiswissen Wortschatz präsentiert über 10 000 wichtige Vokabeln und Redewendungen in 27 thematischen Gruppen. Viele Beispiele aus dem alltäglichen Sprachgebrauch veranschaulichen die praktische Anwendung."

8 „Die wahre Geschichte einer atemberaubenden Flucht quer durch den australischen Kontinent. 1931 brechen Molly, Gracie und Daisy aus einem Umerziehungslager für Mischlingskinder aus und machen sich auf den Weg nach Hause – immer entlang des „Rabbit Proof Fence", der Australien in Farmland und Kaninchenland unterteilt."

9 „Lübeck, Holstentor 1466–78, norddeutscher Backsteinbau, 2 Rundtürme sind durch eine 3-geschossige Brücke mit eigenem Giebel und 3 durchgehenden Reihen von offenen und blinden Fenstern verbunden."

10 „01er-Travitana D.O. – ein nachhaltiger Rotwein aus gehaltvollen Trauben 50 Jahre alter Rebstöcke, passt gut zu Steaks und gegrilltem Fisch."

27

Aufsätze konkret – *Tipps und Schreibanleitungen vom Unfallbericht bis zum Zeitungsartikel*

© Verlag an der Ruhr | Postfach 10 22 51 | 45422 Mülheim an der Ruhr | www.verlagruhr.de | ISBN 978-3-8346-0457-6

Personenbeschreibung

Es gibt Situationen, in denen es auf eine präzise Personenbeschreibung ankommt, z.B. wenn du Zeuge eines Verbrechens geworden bist und bei der Polizei eine Täterbeschreibung abgeben sollst. Dazu musst du ganz genau überlegen und die richtigen Worte finden, um **äußerliche Merkmale** *zu beschreiben. Damit deine Beschreibung übersichtlich wird, solltest du sie gut gliedern, z.B. kannst du von oben nach unten vorgehen oder vom allgemeinen Aussehen bis zu den winzigsten Details. Nenne zunächst alle Merkmale zu einem Aspekt, bevor du zum nächsten gehst. Auf folgende Punkte solltest du in einer detaillierten Personenbeschreibung eingehen:*

⇨ *Geschlecht*
⇨ *Alter*
⇨ *Größe/Statur/Körperbau*
⇨ *Haarfarbe/-länge*
⇨ *Gesichtsform*
⇨ *Hautfarbe*
⇨ *Augenfarbe*
⇨ *Kleidungsstücke*
  (Farbe/Schnitt der Kleidung)
⇨ *Schmuck*
⇨ *besondere Merkmale*
  (z.B. Bart, Brille)

 Lies die folgende Personenbeschreibung und unterstreiche alle beschreibenden Adjektive. Wie gefällt dir diese Beschreibung?

„Er war ein groß gewachsener Mann Anfang vierzig. Der Nachmittag war düster und trübe, und der Mann trug einen Regenmantel, wie ihn Geschäftsleute aus der Stadt tragen: knielang, beige, die Knöpfe von einer Klappe verdeckt. Er hatte den Mantel bis zum Kragen zugeknöpft, trug jedoch keinen Hut. Sein glattes, braunes Haar war schütter und hatte sich zu einer hohen, auffallend bleichen und von tiefen Furchen durchzogenen Stirnglatze gelichtet. Die dichten, dunklen Augenbrauen, die über seiner Nasenwurzel zusammenwuchsen, schienen sein Gesicht in zwei Hälften zu teilen, in deren unterer Hälfte seine Gesichtszüge zusammengeknautscht waren. Die Augen lagen in tiefen Höhlen und waren in dem trüben Licht, wie es schien, farblos. Sie konnten jedoch auch blau oder braun oder grau sein. Seine Nase war kurz und gerade, der Mund breit und dünnlippig.
Er hatte ein fliehendes Kinn, wie dies bei Männern mittleren Alters oft der Fall ist."

— *Lutz, John/August, David: Bis zur letzten Sekunde. München 2000*

 Nun seid ihr dran: Bringt möglichst viele Personenfotos, z.B. Sammelkarten von Fußballspielern, mit. Jedes Foto sollte zweimal vorhanden sein. Jeder von euch bekommt nun ein Foto und beschreibt die Person. Anschließend liest einer von euch seine Beschreibung vor. Erkennt jemand anhand dessen sein eigenes Foto wieder?

 Bei dieser Übung wird eure Beobachtungsgabe auf die Probe gestellt: Einer von euch geht aus dem Klassenraum auf den Flur. Die anderen verfassen nun eine möglichst präzise Beschreibung von dieser Person. Derjenige, der draußen wartet, fertigt ebenfalls eine detailgetreue Beschreibung von sich an. Anschließend vergleicht ihr die Texte miteinander. Was fällt euch auf?

Aufsätze konkret – *Tipps und Schreibanleitungen vom Unfallbericht bis zum Zeitungsartikel*   © Verlag an der Ruhr | Postfach 10 22 51 | 45422 Mülheim an der Ruhr | **www.verlagruhr.de** | ISBN 978-3-8346-0457-6

Gegenstandsbeschreibung

 Probiere es einmal aus und vergleiche Apfel, Birne und Pfirsich mit Hilfe dieser Tabelle miteinander:

Aspekte	Apfel	Birne	Pfirsich
Farbe			
Form			
Größe			
Oberfläche (Haut)			
Inneres			
Fruchtfleisch			
Kern/Stein			
Härtegrad			
Konsistenz			
Geruch			
Geschmack			

 Wähle nun eine dieser Früchte aus und verfasse eine möglichst genaue Beschreibung. Achte auf eine sinnvolle Anordnung deiner Beobachtungen. Beschreibe z.B. zuerst das Äußere, dann das Innere, danach den Geruch, den Geschmack etc. Deine Beschreibung sollte so präzise sein wie folgende Beispiele, aber natürlich ausführlicher:

„Die **Passionsfrucht** besitzt eine dicke, ungenießbare Schale, die bei reifen Früchten faltig wird. Ihr gallertartiges Fruchtfleisch enthält unzählige, kleine, essbare Kerne."

„**Granatäpfel** haben eine lederartige, ungenießbare Schale. Im Inneren der Frucht trennen dicke Membranhäute die einzelnen Kammern ab, in denen die schmackhaften, fleischigen, rubinroten Kerne sitzen."

„**Cherimoyas** sind ovale, konische bis herzförmige Früchte. Einige Sorten sind mit großen Schuppen besetzt. Die bronzefarbene oder grüne Schale ist ungenießbar. Das weißgraue Fruchtfleisch ist saftig, süß und aromatisch, ein wenig körnig und säuerlich."

— *Könemann: Food Guide. Internationaler Lebensmittelkompass. Köln 1999*

29

© Verlag an der Ruhr | Postfach 10 2251 | 45422 Mülheim an der Ruhr | **www.verlagruhr.de** | ISBN 978-3-8346-0457-6

Aufsätze konkret – *Tipps und Schreibanleitungen vom Unfallbericht bis zum Zeitungsartikel*

Beschreibung

Verlustanzeige

INFO

Wenn ihr etwas verloren habt, könnt ihr euch ans Fundbüro wenden. Dort werden verlorene Gegenstände von ehrlichen Findern abgegeben und für einen bestimmten Zeitraum aufbewahrt. Wenn sich der Besitzer nach dieser Frist nicht meldet, werden die Fundsachen versteigert. Damit die Besitzer ermittelt werden können, muss man im Fundbüro einen Fragebogen ausfüllen, auf dem der verlorene Gegenstand so genau wie möglich beschrieben wird.

Stell dir vor, du hast deinen Regenschirm im Bus liegen lassen. Im Fundbüro der Verkehrsbetriebe bekommst du folgenden Fragebogen. Fülle ihn aus.

Verlustanzeige

Name: _____ Vorname: _____

Straße: _____

Wohnort: _____

Telefonnummer: _____ Datum der Verlustmeldung: _____

Verlorener Gegenstand: _____

Genaue Beschreibung des Gegenstandes: _____

_____

_____

_____

_____

_____

_____

Wert des Gegenstands in €: _____

Datum des Verlustes: _____ Uhrzeit des Verlustes: _____

Ort des Verlustes: _____

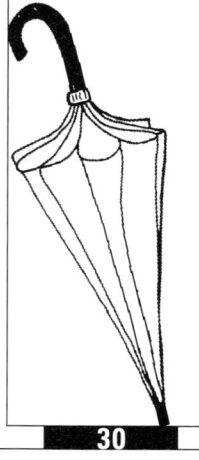

Fertigt jeweils eine möglichst präzise Beschreibung eines Gegenstandes an. Einigt euch auf den gleichen Gegenstand, z.B. eure Handys oder Federmäppchen. Legt sie dann in der Klasse auf einen Tisch ins „Fundbüro". Damit es spannend bleibt, solltet ihr den Markennamen jedoch nicht nennen. Nun kann es losgehen. Einer von euch ist der Leiter des Fundbüros. Ein anderer liest seine Beschreibung vor, und der Fundbüroleiter muss aus der Menge an Handys bzw. Federmäppchen das Beschriebene herausfinden. Dann übernimmt der Nächste die Leitung des Fundbüros.

30

Aufsätze konkret – *Tipps und Schreibanleitungen vom Unfallbericht bis zum Zeitungsartikel*

© Verlag an der Ruhr | Postfach 102251 | 45422 Mülheim an der Ruhr | **www.verlagruhr.de** | ISBN 978-3-8346-0457-6

Gebrauchsanweisung

 Formuliere die unten stehende Gebrauchsanweisung für eine Mikrowelle so um, dass du den Benutzer des Gerätes direkt ansprichst und Aktiv statt Passiv benutzt.

INFO

Wenn du Gebrauchsanweisungen, Spiel- oder Bastelanleitungen schreibst, sprichst du den Leser am besten direkt an. Stell dir vor, du wärst dieser Mensch, der nun z.B. eine Mikrowelle bedienen möchte und möglichst schnell wissen will, was er dabei alles beachten muss.

Zubereitungsarten in der Mikrowelle

Garen von Speisen

Ihr Gerät lässt sich bis zu 90 Minuten programmieren. Die Garzeit (Auftauzeit) kann in Einheiten von 10 Sekunden bis fünf Minuten eingegeben werden.

Ein Beispiel: Eine Suppe soll 2 Minuten und 30 Sekunden bei 70 Prozent Mikrowellenleistung erwärmt werden. Dazu wird zuerst durch Drehen des Zeitschaltuhr-/Gewicht-/Portionen-Knopfs im Uhrzeigersinn die gewünschte Garzeit eingestellt. Dann wird die gewünschte Leistungsstufe gewählt, indem zweimal die Mikrowellenleistungsstufe gedrückt wird. Der Garvorgang wird durch einmaliges Drücken der „+1 Min/Start-Taste" gestartet.

Wenn die Gerätetür während des Garvorgangs geöffnet wird, wird die Garzeit auf dem Display automatisch angehalten. Die Garzeit wird wieder rückwärts gezählt, wenn die Tür geschlossen und die „+1 Min/Start-Taste" gedrückt wird.

Auftauen von Speisen

Die Speise wird auf einen Teller in die Mitte des Drehtellers der Mikrowelle gestellt. Wenn das Gerät stoppt und das Signal ertönt, muss die Speise gewendet bzw. durchgerührt werden. Dünne Teile und bereits warme Stellen müssen mit Alufolie abgedeckt werden. Nach dem Auftauen muss das Essen 10–15 Minuten, mit Alufolie bedeckt, stehen gelassen werden, bis es restlos aufgetaut ist.

So könntest du anfangen:

Sie können Ihr Gerät bis zu 90 Minuten programmieren. Dabei können Sie die Garzeit (Auftauzeit) in Einheiten von 10 Sekunden bis 5 Minuten eingeben ...

Tipps für das Schreiben von Gebrauchsanweisungen:

 Sprich den Leser an!

 Versetze dich in ihn hinein!

 Überlege, welches Vorwissen du beim Leser erwarten kannst!

 Vermeide Passiv-Konstruktionen und Substantivierungen!

 Erläutere Fachbegriffe!

 Gehe schrittweise vor!

31

© Verlag an der Ruhr | Postfach 10225 | 45422 Mülheim an der Ruhr | **www.verlagruhr.de** | ISBN 978-3-8346-0457-6

Aufsätze konkret – *Tipps und Schreibanleitungen vom Unfallbericht bis zum Zeitungsartikel*

Spielanleitung

Wenn du mit ein paar Freunden ein neues Spiel ausprobieren willst, müsst ihr zunächst die Spielanleitung lesen, bevor ihr loslegen könnt. Manchmal ist das kein Vergnügen: Ihr müsst euch durch seitenlange Beschreibungen quälen, in denen Szenarien aufgeführt sind, von denen ihr noch keine Ahnung habt. Oft hat man schon gar keine Lust mehr, das Spiel zu spielen, weil man überhaupt nichts versteht.

*Es gibt aber auch Spiele, deren Regeln **kompakt und gut verständlich** zusammengefasst sind. Häufig sind sie entsprechend der verschiedenen Spielphasen aufgeteilt und erklären Schritt für Schritt, was zu tun ist, wie im nebenstehenden Beispiel.*

„Sie beginnen das Spiel mit zwei Siedlungen und mit zwei Straßen. Mit den zwei Siedlungen besitzen Sie bereits zwei Siegpunkte. Wer zuerst zehn Siegpunkte schafft, hat das Spiel gewonnen. Um zu Siegpunkten zu kommen, müssen Sie neue Straßen und Siedlungen bauen und Siedlungen zu Städten erweitern. Eine Stadt ist schon zwei Siegpunkte wert.
Wer bauen will, braucht dazu natürlich Rohstoffe.
Wie kommen Sie zu Rohstoffen? Ganz einfach: In jeder Runde wird ermittelt, welche Landfelder Erträge abwerfen. Das geschieht mit zwei Würfeln – und deshalb liegen auf jedem Landfeld auch die runden Zahlenchips. Wird zum Beispiel eine „3" gewürfelt, werfen alle Felder mit der „3" Erträge ab, in dem Beispiel also Wald (Holz) und Ackerland (Getreide) ..."
— *Die Siedler von Catan. Kosmos Spiele 2003.*

 Warum ist diese Spielanleitung verständlicher als andere?

 Stellt eure Lieblingsspiele in der Klasse vor und vergleicht die verschiedenen Anleitungen miteinander. Welche sind gut gelungen, welche weniger? Woran liegt das?

 Jeder von euch kennt das Spiel „Mensch ärgere dich nicht". Bildet Kleingruppen und erstellt gemeinsam die Spielregeln. Dabei solltet ihr auf folgende Punkte eingehen:

⇨ Anzahl der Mitspieler ⇨ Aufstellung der Spielfiguren
⇨ Ablauf des Spiels ⇨ Wann hat ein Spieler gewonnen?

 Bringt Mensch-ärgere-dich-nicht-Spiele mit in die Schule und denkt euch weitere Regeln aus, die das Spiel spannender machen. Ihr könnt auch Quiz-Aufgaben integrieren, damit es nicht nur ein Glücks-, sondern auch ein Wissensspiel ist.

 Viele Spiele (z.B. „Die Siedler von Catan") liefern neben der ausführlichen Beschreibung eine stark zusammengefasste Spielanleitung mit, in der auf einen Blick das Wichtigste dargestellt ist. Verfasse selbst so eine Kurzbeschreibung für ein Spiel deiner Wahl.

 Sammelt Spiele aus anderen Ländern. Interviewt dazu ausländische Mitschüler und Bekannte, welche Spiele sie kennen. Bringt die Spiele mit in die Schule und macht eine Spieleausstellung. Dann ladet z.B. eine Parallelklasse zum Spielenachmittag ein.

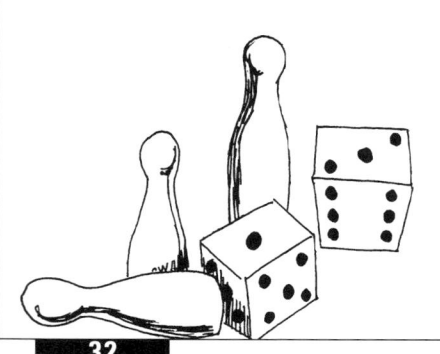

Aufsätze konkret – *Tipps und Schreibanleitungen vom Unfallbericht bis zum Zeitungsartikel*

© Verlag an der Ruhr | Postfach 10 2251 | 45422 Mülheim an der Ruhr | **www.verlagruhr.de** | ISBN 978-3-8346-0457-6

Wegbeschreibung

Beschreibung

INFO

 Beschreibe den Weg vom Hauptbahnhof zu dir nach Hause. Versuche, möglichst viele Orientierungspunkte anzugeben und benutze dazu einige der folgenden Textbausteine.

an der Kreuzung

an dem großen Platz

am ... Hochhaus

an der Kirche

die dritte Straße links abbiegen

weiter geradeaus gehen

am Turm

am Fluss entlang

am Einkaufszentrum

an der Ampel

den Platz überqueren

die nächste Straße links gehen

an der Eisenbahnbrücke

an der Ecke

unter der Brücke

vor dem Eiscafé

überquere den Parkplatz

durch den Tunnel

über die Straße gehen

hinter dem Kaufhaus

an der Bushaltestelle

vorbeikommen an

An deinem Geburtstag feierst du eine Party, zu der du auch Leute einlädst, die noch nie bei dir zu Hause waren. Damit sie problemlos zu der Party finden, legst du der Einladung eine Wegbeschreibung bei, in der du den Weg vom Hauptbahnhof zu deiner Wohnung erklärst. Zu einer guten Wegbeschreibung gehört:

⇨ eine **Kopie** des betreffenden **Stadtplanausschnitts**, auf dem der Weg farbig markiert ist.

⇨ die **Nennung markanter Orientierungspunkte** und Straßennamen.

⇨ die **Angabe von Fahrtmöglichkeiten** mit öffentlichen Verkehrsmitteln.

⇨ deine **Telefonnummer**, falls jemand trotz der Beschreibung nicht zum Ziel findet.

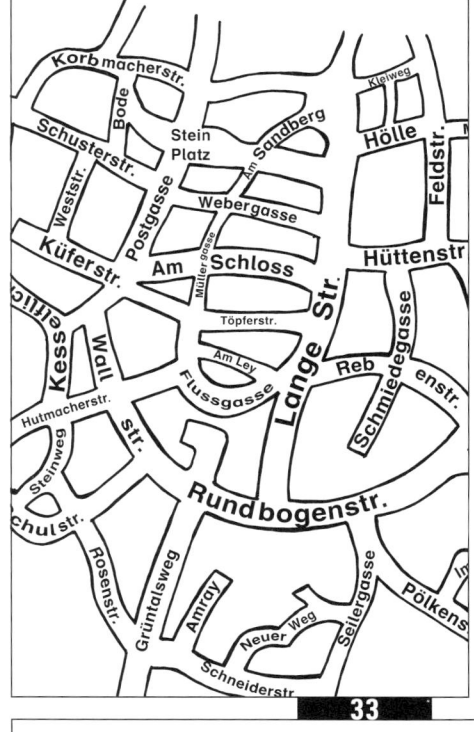

 ⇨ **Fragt bei der Touristeninformation nach Innenstadtplänen eurer Stadt. Arbeitet zu zweit zusammen; jeder braucht einen Stadtplan.**

⇨ **Nun markiert jeder in seinem Stadtplan einige für ihn wichtige Orte (Adressen von Freunden, Lieblingscafés etc.), ohne dass der andere sieht, was er einzeichnet.**

⇨ **Dann beschreibt ihr euch gegenseitig von der Schule (oder dem Bahnhof) aus, wie man dorthin kommt. Jeder sollte am Ende die von seinem Spielpartner genannten Orte in seinem Stadtplan eingetragen haben.**

33

© Verlag an der Ruhr | Postfach 10 2251 | 45422 Mülheim an der Ruhr | www.verlagruhr.de | ISBN 978-3-8346-0457-6

Aufsätze konkret – *Tipps und Schreibanleitungen vom Unfallbericht bis zum Zeitungsartikel*

Allerweltsverben

Versuche, für die folgenden Ausdrücke jeweils mindestens ein treffenderes Verb zu finden:

aufmachen
⇨ eine Tür _____
⇨ einen Briefumschlag _____
⇨ eine Weinflasche _____
⇨ ein Geschäft _____

anmachen
⇨ ein Mädchen/einen Jungen _____
⇨ einen Salat _____
⇨ das Radio _____
⇨ einen Motor _____

kaputtmachen
⇨ ein Haus _____
⇨ ein Glas _____
⇨ eine Beziehung _____
⇨ die Stimmung _____

abmachen
⇨ ein Kalenderblatt _____
⇨ Nagellack _____
⇨ ein Treffen _____
⇨ eine Folie _____

wegmachen
⇨ verschüttetes Wasser _____
⇨ einen Bleistiftstrich _____
⇨ einen Fehler _____
⇨ Scherben _____

zumachen
⇨ einen Reißverschluss _____
⇨ eine Tür _____
⇨ ein Buch _____
⇨ einen Briefumschlag _____

Aufsätze konkret – *Tipps und Schreibanleitungen vom Unfallbericht bis zum Zeitungsartikel*

© Verlag an der Ruhr | Postfach 10 22 51 | 45422 Mülheim an der Ruhr | **www.verlagruhr.de** | ISBN 978-3-8346-0457-6

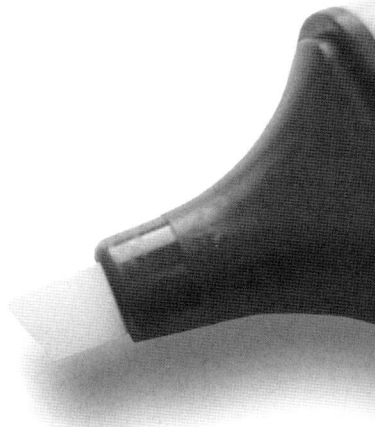

Berichtende Texte

Merkmale von berichtenden Texten   36

Bericht und Erzählung   37

W-Fragen   38

Unfallbericht   39

Schadensbericht   40

Konjunktionen und Subjunktionen   41

Tautologien erkennen   42

Merkmale von berichtenden Texten

Berichtende Texte sollen **informieren**. Texte, die z.B. Polizei, Feuerwehr, Gericht oder auch Versicherungen zur Rekonstruktion eines Geschehens benötigen, müssen **knapp und präzise** sein.

Solche Texte werden **sachlich** abgefasst, d.h. sie enthalten keine unwichtigen, ablenkenden Informationen, keine wörtliche Rede, keine Gefühle und Wertungen. Adressaten von Berichten sind Personen, die bei diesem Geschehen nicht dabei waren und sich darüber informieren möchten.

Ein Bericht informiert in chronologischer Reihenfolge über ein Ereignis. Bereits in deiner Einleitung solltest du die wichtigsten **W-Fragen** beantworten:

⇨ **Was** ist geschehen?
⇨ **Wer** war an dem Vorfall beteiligt?
⇨ **Wo** ist es passiert?
⇨ **Wann** hat es sich abgespielt?

Im weiteren Verlauf erläuterst du die Hintergründe:
⇨ **Wie** kam es zu dem Vorfall?
⇨ **Warum** ist das passiert?
⇨ **Welche** Folgen hat/te das Geschehen?

Damit sich dein Bericht angenehm liest, solltest du abwechslungsreiche Satzanfänge wählen. Variiere dafür die Abfolge der Satzglieder und benutze einleitende Konjunktionen. Wortwiederholungen solltest du vermeiden. Da sich dein Bericht auf ein Ereignis bezieht, das sich in der Vergangenheit abgespielt hat, schreibst du im Präteritum. Bei Vorzeitigkeit verwendest du das Plusquamperfekt (*„Nachdem der Lastwagen die Ladung verloren hatte, fuhren zwei Pkw …"*).

Merkmale des Berichts

 sachliche, faktenorientierte Darstellung eines Ereignisses

 kein Aufbau von Spannung, sondern chronologische Wiedergabe eines Geschehens

 Verzichten auf unwichtige Details

 beantwortet W-Fragen

 Gebrauch Perfekt/Imperfekt

 sachliche Sprache

 enthält keine Wertungen und Gefühle des Verfassers

Aufsätze konkret – *Tipps und Schreibanleitungen vom Unfallbericht bis zum Zeitungsartikel*

© Verlag an der Ruhr | Postfach 10 22 51 | 45422 Mülheim an der Ruhr | **www.verlagruhr.de** | ISBN 978-3-8346-0457-6

Bericht und Erzählung

Berichtende Texte

 Lies beide Texte und überlege, wodurch sich die Texte voneinander unterscheiden.

Erzählung

„Ich war gestern Abend mit Björn und Nils beim Fußball. Natürlich war es in der U-Bahn nach dem Spiel total voll. Wir standen direkt an der Tür der U-Bahn, eingekeilt in eine Menge von Fußballfans.
Plötzlich hat mich ein Mann angerempelt, der neben uns stand.
Er entschuldigte sich vielmals, und während ich mit ihm sprach, merkte ich, dass jemand an meiner Tasche zog. *„Pass auf, da ist einer an deiner Tasche",* sagte Nils zu mir. Ich habe mich sofort umgedreht, aber da war es schon zu spät. Der Reißverschluss meiner Tasche war auf, und neben mir stand niemand mehr. *„Der Typ steht da hinten an der anderen Tür",* flüsterte Nils. *„Der steigt bestimmt gleich aus. Wir gehen hinterher."* Da hielt die Bahn auch schon an. Schnell sprangen wir drei auf den Bahnsteig und tatsächlich, der Dieb stieg auch aus und rannte schnell Richtung Ausgang. Wir haben ihn verfolgt.
Zum Glück kamen uns ganz viele Leute entgegen, sodass er nicht so schnell vorankam. Björn hat ihn schließlich zu fassen bekommen.
Er hat sich natürlich zur Wehr gesetzt, aber Nils und ich haben ihn auch noch festgehalten. Ich habe dann mit dem Handy die Polizei angerufen. Die Polizisten kamen sofort, haben ihn durchsucht und noch zwei andere Portmonees bei ihm gefunden."

Auch bei der Polizei musste Sabine über den Vorgang **berichten**:

Bericht

„Gestern Abend, also am 31. Oktober, war ich mit Nils Becke und Björn Köster beim Fußballspiel Borussia Dortmund gegen Bayern München. Wir wollten mit der U 45 nach Hause fahren. Nach dem Spiel war die Bahn überfüllt, wir standen an der mittleren Tür.
Ein blonder Mann mit Schnäuzer und Metallbrille hat mich angerempelt und während er mit mir sprach, hat mir jemand anderes mein Portmonee aus der Tasche gestohlen, die um meine Schulter hing.
Nils Becke hat den Dieb dabei beobachtet. Als dieser an der Haltestelle Markgrafenstraße ausstieg, sind wir ebenfalls ausgestiegen und haben ihn verfolgt. Auf dem Weg zum Ausgang gelang es uns, den Täter zu stellen. Wir haben ihn festgehalten, bis die Polizei kam, die ich über Handy angerufen hatte."

INFO

*Du findest hier zwei Texte zu ein und demselben Thema: Eine **Erzählung** und einen **Bericht**.*

*Sabine ist in der U-Bahn ihr Portmonee gestohlen worden. Am nächsten Tag **erzählt** sie in der Schule von der spannenden Verfolgungsjagd, bei der sie den Dieb schließlich erwischt hat.*

Tipp:
Nur Kerninformationen berücksichtigen und unwichtige Details weglassen!

37

Aufsätze konkret – *Tipps und Schreibanleitungen vom Unfallbericht bis zum Zeitungsartikel*

© Verlag an der Ruhr | Postfach 10 22 51 | 45422 Mülheim an der Ruhr | www.verlagruhr.de | ISBN 978-3-8346-0457-6

W-Fragen

So genannte W-Fragen helfen, den Hintergrund eines Ereignisses zu beleuchten.

WER?

WANN?

WAS?

WARUM?

WO?

WIE?

Material: ⇨ Stift und Kärtchen
⇨ pro Gruppe 15 – 20 Fotos von verschiedenen Situationen oder Orten

So geht's:
⇨ Bildet drei bis vier Großgruppen. Jede Gruppe sitzt an einem Tisch, auf dem jeweils 15–20 Fotos von verschiedenen Situationen oder Orten nebeneinander liegen.
⇨ Ein Schüler wählt ein Motiv aus, zeigt es den anderen und teilt ihnen kurz mit, an welches Ereignis ihn das jeweilige Bild erinnert.
⇨ Alle anderen notieren sich eine Frage, die sich auf dieses Ereignis bezieht.
⇨ Die Fragekärtchen werden an den ersten Schüler weitergegeben.
⇨ Danach entscheidet sich der Nächste für ein Motiv und bekommt Fragen dazu.
⇨ Wenn alle Schüler mit Fragekärtchen versorgt sind, schreibt jeder einen Bericht über das ausgewählte Ereignis. Darin beantwortet er alle Fragen.

Je nach Thema gibt es noch viele weitere Fragemöglichkeiten, z.B.:

WORÜBER?

WIE VIEL?

WODURCH?

WOFÜR?

WOBEI?

WOHIN?

WIE LANGE?

MIT WEM?

WIE OFT?

WORAUS?

WOZU?

WORAN?

WOMIT?

WOHER?

Aufsätze konkret – *Tipps und Schreibanleitungen vom Unfallbericht bis zum Zeitungsartikel* © Verlag an der Ruhr | Postfach 10 22 51 | 45422 Mülheim an der Ruhr | **www.verlagruhr.de** | ISBN 978-3-8346-0457-6

Unfallbericht

 Erstelle aus den wirren Angaben der Schüler einen chronologischen Bericht für Herrn Bach, damit er sich ein Bild davon machen kann, was genau passiert ist. Versuche den Unfallhergang so genau wie möglich zu schildern. Konzentriere dich aber nur auf die wesentlichen Informationen.

INFO

Die Klasse 8a verbringt den letzten Tag vor den Sommerferien mit ihrem Klassenlehrer im Freibad. Als Herr Bach gerade mit einigen Schülern Tauchübungen macht, ertönt vom Rand des Schwimmbeckens lautes Geschrei. Sofort eilt er zu der Schülergruppe, die sich dort versammelt hat. Jan liegt weinend am Boden und blutet aus einer Wunde im Knie. Seine Brille liegt zertrümmert neben ihm. Nachdem Herr Bach die Verletzung versorgt hat, lässt er sich von den Schülern erzählen, was passiert ist. Alle reden aufgeregt durcheinander.

> Wir haben Fangen gespielt. Klaus ist hinter Jan hergerannt und hatte ihn fast erwischt. Und dann ist Jan plötzlich stehen geblieben, als er am Rand des Schwimmbeckens ankam, weil er nicht ins Wasser fallen wollte.

> Jans Brille ist in hohem Bogen auf die Erde geflogen. Das Glas ist zerbrochen und ein Bügel abgegangen.

> Und dann ist Jan hingefallen, und sein Knie hat geblutet. Er hat laut geschrien, als er das Blut gesehen hat.

> Der Jan ist hingefallen. Klaus war total geschockt, als Jan plötzlich am Boden lag.

> Klaus kann da aber nichts zu. Jan ist einfach stehen geblieben, und weil Klaus so einen Schwung hatte, ist er in Jan reingerannt. Er hat sich mit beiden Händen abgestützt und ist mit dem Knie auf den Platten aufgeschlagen.

> Klaus wäre beinahe ins Wasser gefallen.

39

© Verlag an der Ruhr | Postfach 102251 | 45422 Mülheim an der Ruhr | www.verlagruhr.de | ISBN 978-3-8346-0457-6

Aufsätze konkret – *Tipps und Schreibanleitungen vom Unfallbericht bis zum Zeitungsartikel*

Schadensbericht

*Da Jans Brille durch den Zusammenprall mit Klaus kaputt gegangen ist, schreibt Klaus einen **Brief an seine Versicherung**. Darin schildert er kurz, was passiert ist und bittet die Versicherung darum, für den Schaden aufzukommen.*

 Versuche, mit Hilfe folgender Angaben diesen Brief zu schreiben.

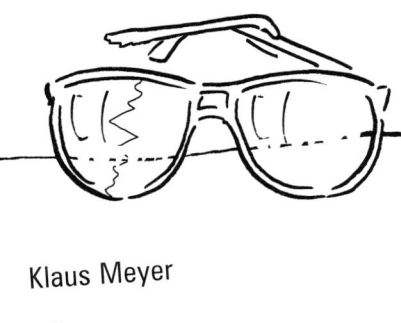

Absender →	Klaus Meyer …
Adressat →	xy-Versicherung …
Versicherungsnummer →	V-Nr. 2222222-222
Ort, Datum →	Dortmund, 12.7.2008
Betreff →	**Schadensmeldung**
Anrede →	Sehr geehrte Damen und Herren,
Text →	…
Grußformel →	Mit freundlichen Grüßen
Unterschrift →	Klaus Meyer
Anlagen →	Anlagen auflisten

Checkliste für eine Schadensmeldung

 Unfallort

 Datum, Zeit

 Geschädigter

 Zeugen

 Unfallhergang *(knappe Schilderung in chronologischer Reihenfolge)*

 Beschreibung des Schadens *(Gegenstände, Schadenshöhe)*

Aufsätze konkret – *Tipps und Schreibanleitungen vom Unfallbericht bis zum Zeitungsartikel*

© Verlag an der Ruhr | Postfach 10 22 51 | 45422 Mülheim an der Ruhr | **www.verlagruhr.de** | ISBN 978-3-8346-0457-6

Konjunktionen und Subjunktionen

Berichtende Texte

INFO

Um **Sätze** miteinander zu **verknüpfen** und einen **Zusammenhang** zwischen ihnen herzustellen, kannst du verschiedene **Bindewörter** benutzen.
Man unterscheidet bei den Bindewörtern zwischen **Konjunktionen**, die Haupt- und Teilsätze verbinden, wie z.B. „und", und **Subjunktionen**, die Nebensätze ankoppeln, wie z.B. als, seitdem, während, damit etc.

 Ergänze die unten stehende Tabelle.
Manche Bindewörter passen in mehrere Spalten.

da – deshalb – dazu – falls – infolgedessen – folglich – dennoch –
doch – während – bevor – obwohl – unterdessen – deswegen –
dadurch – wegen – trotz – trotzdem – inzwischen – zwar – sondern – obgleich – somit – auf Grund – obschon – folglich – wenn

Grund/ Ursache	Zweck/Ziel	Folge/ Resultat	Gegensatz	Bedingung	Zeit
denn weil	um … zu damit indem	sodass darum	aber dagegen		nachdem als

 Verbinde die beiden zusammengehörigen Satzteile mit Hilfe einer Konjunktion.

Beispiel: *Er kauft ein neues Auto. Er hat kein Geld.*
Er kauft ein neues Auto, obwohl er kein Geld hat.

Es hat stark geregnet. ○	○ Sie hat verschlafen.
Ich bin zu der Party gegangen. ○	○ Wir sind ins Kino gegangen.
Sie kommt zu spät zum Unterricht. ○	○ Ich habe zu viel Schokolade gegessen.
Ich habe 2 Kilo zugenommen. ○	○ Ich war nicht eingeladen.
Wir treffen uns nachmittags. ○	○ Sie schält Zwiebeln.
Ich lerne Spanisch. ○	○ Wir müssen Englisch lernen.
Er gewinnt 1000 Euro. ○	○ Sie kauft eine Flasche Orangensaft.
Ich trainiere jeden Tag. ○	○ Ich möchte einen Job in Spanien finden.
Im Haus wurde eingebrochen. ○	○ **Er hat kein Geld.**
Ich habe das Gymnasium besucht. ○	○ Ich will mich informieren.
Er wäscht die Tomaten. ○	○ Nächstes Jahr laufe ich beim Marathon.
Silke hat Durst. ○	○ Er macht eine Reise nach Italien.
Meine Mutter treibt viel Sport. ○	○ Du kommst immer zu spät.
Ich höre häufig Radio. ○	○ Die Diebe haben nichts gestohlen.
Gestern Abend war er sehr spät zu Hause. ○	○ Jetzt studiere ich.
Er kauft ein neues Auto. ○	○ Sie will abnehmen.
Ich warte auf dich. ○	○ Er muss um 6 Uhr aufstehen.

© Verlag an der Ruhr | Postfach 10 22 51 | 45422 Mülheim an der Ruhr | www.verlagruhr.de | ISBN 978-3-8346-0457-6

Aufsätze konkret – *Tipps und Schreibanleitungen vom Unfallbericht bis zum Zeitungsartikel*

Tautologien erkennen

Kreuze alle Formulierungen an, die einen Sachverhalt doppelt wiedergeben.

☐ runder Ball	☐ junge Mutter
☐ schwarzer Rappe	☐ sonniger Strand
☐ dunkle Nacht	☐ spannendes Buch
☐ preiswertes Schnäppchen	☐ verheiratetes Ehepaar
☐ rechteckiges Viereck	☐ illegale Straftat
☐ süßer Zucker	☐ bittere Schokolade
☐ dunkle Hose	☐ schlauer Fuchs
☐ süße Kirschen	☐ salzige Tränen
☐ nicht unproblematisch	☐ unehrliche Lügen
☐ stundenlange Marathonsitzung	☐ früher Nachmittag
☐ im Monat Mai	☐ das belgische Brüssel
☐ seltene Raritäten	☐ neuer Anfang
☐ neu renoviert	☐ runder Tisch
☐ wahre Tatsachen	☐ gleichförmige Routine
☐ alter Greis	☐ glühende Hitze
☐ lustiger Scherz	☐ fröhliche Feier
☐ trübe Aussichten	☐ junge Teenies
☐ tägliche Wiederholung	☐ heißer Sommer

Aufsätze konkret – *Tipps und Schreibanleitungen vom Unfallbericht bis zum Zeitungsartikel*

© Verlag an der Ruhr | Postfach 10 22 51 | 45422 Mülheim an der Ruhr | **www.verlagruhr.de** | ISBN 978-3-8346-0457-6

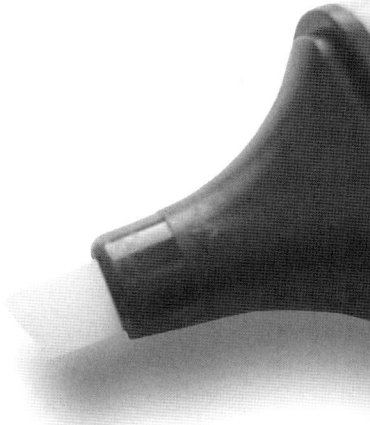

Protokoll

Merkmale von Protokollen   44

Tipps zum Mitschreiben   45

Ergebnis- und Verlaufsprotokolle   46

Indirekte Rede   47

Aktivisch formulieren   48

43

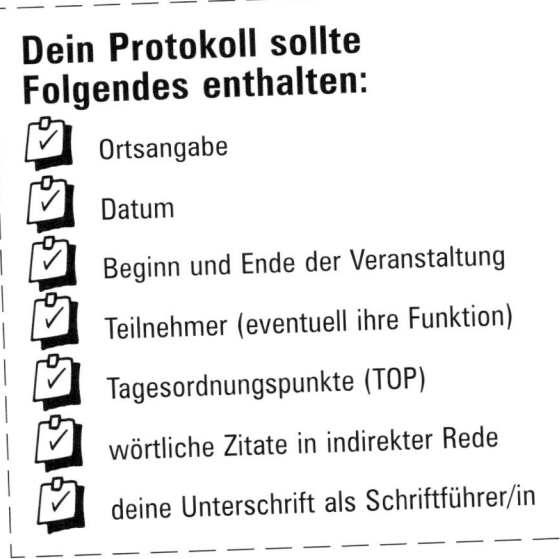

Merkmale von Protokollen

*„Wer führt denn heute Protokoll?" Mit dieser Frage beginnt fast jede Sitzung oder Besprechung, denn es soll für die Akten festgehalten werden, welche **Ergebnisse** ein Gespräch hat. Auch in der Schule werden Protokolle verfasst. Sie helfen dir dabei, die wesentlichen **Inhalte** einer Unterrichtsstunde, einer Diskussion oder eines Experiments im Nachhinein **noch einmal nachzuvollziehen**. Schüler, die gefehlt haben, können sich mit Hilfe des Protokolls informieren, was sie versäumt haben.*

*Protokolle sind **sachlich** geschrieben, geben keine Meinungen oder Bewertungen wieder und stehen im **Präsens**. Um ein Protokoll anzufertigen, solltest du dir bei der Veranstaltung stichpunktartige Notizen machen, die du später ausformulierst. Äußerungen, die wiederholt werden, brauchst du nur einmal zu notieren.*

Als Strukturhilfe für dein Protokoll bietet sich bei einer Sitzung oder Versammlung die Tagesordnung an. Die verschiedenen Aspekte, die angesprochen werden, kannst du unter einzelnen Tagesordnungspunkten (TOP) zusammenfassen.

Man **unterscheidet** zwei Arten von Protokollen:

1. Verlaufsprotokoll

Das Verlaufsprotokoll gibt den Ablauf einer Veranstaltung chronologisch wieder und macht den Hergang auch für nicht anwesende Personen nachvollziehbar. Der Protokollant trifft eine Auswahl an Informationen, auf Unwichtiges verzichtet er. Bedeutende Ergebnisse, Beschlüsse o.Ä. werden wörtlich zitiert. Für diese Zitate benutzt man die indirekte Rede.

2. Ergebnisprotokoll

Das Ergebnisprotokoll präsentiert in zusammengefasster Form die wesentlichen Ergebnisse einer Besprechung oder eines Versuches. Dabei muss der chronologische Ablauf nicht berücksichtigt werden, sondern nur die Resultate und das weitere Vorgehen. Die meisten Protokolle von Sitzungen und Konferenzen sind Ergebnisprotokolle.

Dein Protokoll sollte Folgendes enthalten:

- ☑ Ortsangabe
- ☑ Datum
- ☑ Beginn und Ende der Veranstaltung
- ☑ Teilnehmer (eventuell ihre Funktion)
- ☑ Tagesordnungspunkte (TOP)
- ☑ wörtliche Zitate in indirekter Rede
- ☑ deine Unterschrift als Schriftführer/in

Aufsätze konkret – *Tipps und Schreibanleitungen vom Unfallbericht bis zum Zeitungsartikel*   © Verlag an der Ruhr | Postfach 102251 | 45422 Mülheim an der Ruhr | **www.verlagruhr.de** | ISBN 978-3-8346-0457-6

Tipps zum Mitschreiben

Tipps zum Protokoll

⇨ Beim Zuhören gehst du selektiv vor, d.h. du schreibst nicht Wort für Wort mit, sondern beschränkst dich auf die Kerninformationen. Diese stecken in Substantiven, bedeutungsstarken Verben, Komparativen/Superlativen, Verneinungen sowie Zahlen. Verzichten kannst du in deiner Mitschrift auf Artikel, Präpositionen, bedeutungsschwache Verben wie „haben" oder „sein" sowie schmückende Adjektive.

⇨ Nummeriere die Blätter mit deinen Notizen durch, damit du hinterher nicht durcheinanderkommst.

⇨ Füge Zwischenüberschriften ein, wenn neue Aspekte angesprochen werden.

⇨ Benutze allgemein gebräuchliche Abkürzungen wie *etc., u.a., z.Zt.* Mehr davon findest du in Abkürzungslexika.

⇨ Lass Endungen weg, statt *Möglichkeit* schreibst du *Möglichk.,* statt *Endung – Endg.*

⇨ Erfinde eigene Abkürzungen für häufig vorkommende Wörter deines Themengebietes. Am besten schreibst du dir bei der ersten Benutzung des entsprechenden Wortes die Bedeutung dahinter, damit du später noch weißt, ob du mit der Abkürzung *TK Tiefseekrabbe, Telekommunikation* oder *Tastenkombination* gemeint hast.

⇨ Benutze Symbole, um Zusammenhänge in deiner Mitschrift zu verdeutlichen, z.B.:

}	gehört zusammen
#	ungleich
?	fraglich
!	wichtig
„…"	wörtliches Zitat
=>	daraus folgt
+	und

 Probiert das Mitschreiben einmal aus:
Erstellt in der nächsten Deutschstunde Mitschriften, die als Basis für ein Protokoll dienen können. Bildet Dreier- oder Vierergruppen und vergleicht eure Notizen. Einigt euch dann auf die wichtigsten Aspekte und erstellt ein Ergebnisprotokoll der Unterrichtsstunde.

Wenn du ein Protokoll erstellen willst, ist es wichtig, dass du dir **übersichtliche Notizen** machst. Diese solltest du auch am nächsten Tag noch problemlos entziffern können.
Die nebenstehenden Tipps helfen dir dabei.

Wenn du deine **Mitschrift** gut strukturierst, fällt dir das Ausformulieren des Protokolls viel leichter.

Viel Zeit beim Schreiben kannst du sparen, wenn du **Abkürzungen** verwendest. Dazu gibt es verschiedene Möglichkeiten. Auch hierbei können dir die nebenstehenden Tipps helfen.

© Verlag an der Ruhr | Postfach 10 22 51 | 45422 Mülheim an der Ruhr | www.verlagruhr.de | ISBN 978-3-8346-0457-6

Aufsätze konkret – *Tipps und Schreibanleitungen vom Unfallbericht bis zum Zeitungsartikel*

Ergebnis- und Verlaufsprotokoll

Ergebnisprotokoll

der SV-Sitzung am Stadt-Gymnasium am 21. 11. 2008

Ort: SV-Raum der Schule

Zeit: 10.30 bis 11.15 Uhr

Teilnehmer: Alle Klassensprecher bzw. Stufensprecher der Stufen 5 bis 13

abwesend: Silja Bohlke (8 b), Katrin Höchst (9 a)

Ergebnis:

Zur Finanzierung des Gegenbesuchs der ukrainischen Partnerschule organisiert die SV in der Woche vom 1. bis 5. Dezember einen Kuchenverkauf in den großen Pausen.
Die Klassen- und Stufensprecher informieren ihre Kurse über die Aktion und bitten um Kuchenspenden. Aus jeder Klasse/jedem Kurs sollen zwei Schüler beim Verkauf des Kuchens mithelfen.
Lars B. (10 c) führt die Liste der Verkäufer. Die Sprecher der Stufe 11 bauen den Kuchenstand am Montag, 1. Dezember, vor der ersten Stunde auf.

Stefan Wegmann

(Protokollführung)

 Formuliere nun aus den unten stehenden Stichpunkten ein Verlaufsprotokoll der SV-Sitzung vom 21.11.2008. Gib darin den chronologischen Ablauf der Versammlung wieder.

⇨ Besuch ukrainische Partnerschule Mai 2009
⇨ Finanzierungslücke
⇨ Vorschläge zur Finanzierung
⇨ Kathrin Becker (6 a): Verkauf von Brötchen in Pausen, Erlös für Partnerschule
⇨ Dirk Lange (7 d): Brötchen schmieren, sehr aufwändig
⇨ Silke Dehne (12 a): Brötchen und Käse/Wurst teuer, wenig Gewinn, Vorschlag: Kuchenverkauf
⇨ Zustimmung für Kuchenverkauf
⇨ Diskussion, wer Kuchen backen wird
⇨ 30 Klassensprecher bereit dazu
⇨ zu wenig Kuchen
⇨ in Klassen fragen? Klassensprecher fragen
⇨ pro Klasse zwei Leute nötig
⇨ Nadja Behres (8 d): Wer verkauft wann?
⇨ Tobias Becker (10 a): Vorschlag: Liste machen
⇨ Liste führt Lars Behnke (10 c)
⇨ Nils Wenders (9 b): Wer baut Stand auf?
⇨ Sonja Braun (11 b): Stufe 11 zuständig, weil Partnerschüler Gäste dieser Stufe
⇨ Aufbau Kuchenstand: Mo. 1.12., vor 1. Stunde

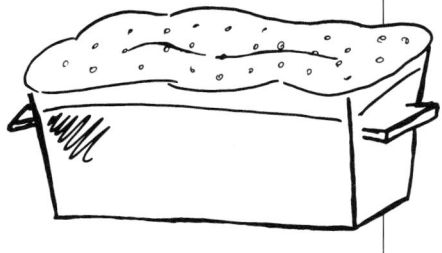

Aufsätze konkret – *Tipps und Schreibanleitungen vom Unfallbericht bis zum Zeitungsartikel*

© Verlag an der Ruhr | Postfach 10 22 51 | 45422 Mülheim an der Ruhr | **www.verlagruhr.de** | ISBN 978-3-8346-0457-6

Indirekte Rede

Beispiele

Indikativ Präsens	Konjunktiv I Präsens	Konjunktiv II (als Ersatz)
ich lerne	ich lerne	ich lernte/würde lernen
du lernst	du lernest	
er lernt	er lerne	
wir lernen	wir lernen	wir lernten/würden lernen
ihr lernt	ihr lernet	
sie lernen	sie lernen	sie lernten/würden lernen

 Bei einer Schulversammlung äußern folgende Schüler ihre Meinung. Setze diese Äußerungen für das Protokoll in die indirekte Rede:

Saskia: „Ich finde es nicht gut, dass wir in der großen Pause auf jeden Fall auf den Schulhof gehen müssen. Warum können wir nicht in der Aula bleiben?"

Frau Meyer: „In jeder Pause führen nur zwei Lehrer Aufsicht. Es ist niemand da, der die Aula beaufsichtigt."

Nils: „Ich schlage vor, dass ein Lehrer drinnen und einer draußen Aufsicht macht."

Herr Klein: „Das geht nicht. Der Schulhof ist so groß, dass dort auf jeden Fall zwei Lehrer herumlaufen müssen."

Herr Berger: „Warum wollt ihr denn unbedingt in der Aula bleiben?"

Tina: „Im Winter oder bei Regen macht es keinen Spaß, draußen zu stehen. Wir frieren die ganze Zeit und warten nur darauf, dass die Pause endlich vorbei ist."

Bernd: „Warum gehst du nicht ins Schülercafé?"

Tina: „Da ist es doch sowieso immer voll. Es gibt nicht genug Sitzgelegenheiten."

Ulrike: „Das stimmt. Können wir nicht das Zimmer nebenan auch noch als Schülercafé benutzen?"

Herr Klein: „Soweit ich weiß, wird dieser Raum zur Zeit nicht genutzt. Ich kann mit dem Direktor sprechen, ob ihr diesen Raum noch bekommt."

Beispiel: Saskia erklärte, sie finde es nicht gut, dass …

Ein Lehrer draußen – einer drinnen! Wo ist das Problem?

47

© Verlag an der Ruhr | Postfach 10 22 51 | 45422 Mülheim an der Ruhr | www.verlagruhr.de | ISBN 978-3-8346-0457-6

Aufsätze konkret – *Tipps und Schreibanleitungen vom Unfallbericht bis zum Zeitungsartikel*

Protokoll

Aktivisch formulieren

Tipp:
Formuliere aktiv, denn aktiv ist verständlicher!

 Formuliere die folgenden Sätze aus Protokollen der SV-Sitzung um. Verzichte dabei auf die Passivform.

⇨ Das Schulfest wird von allen Jahrgangsstufen mitgestaltet.

⇨ Die Handball-Stadtmeisterschaften werden in diesem Jahr vom Goethe-Gymnasium in der Sporthalle „Am Westkamp" veranstaltet.

⇨ Die entsprechende Fachliteratur kann mittwochs in der ersten großen Pause in der Schülerbücherei ausgeliehen werden.

⇨ Von der Mehrheit der Schülervertreter wurde der Antrag auf Änderung der Schulordnung abgelehnt.

⇨ Von Seiten der Schulleitung wurde die misslungene Organisation des Sommerfestes bedauert.

⇨ Die neue Sporthalle wird am kommenden Montag vom Sportdezernenten Peter Wagner eröffnet.

⇨ Für die Renovierung des Klassenzimmers wird von den Schülern ein ganzes Wochenende eingeplant.

⇨ Von den meisten Schülern wird zu viel Geld für Süßigkeiten und Getränke ausgegeben, ergab eine Umfrage an unserer Schule.

⇨ Bei der Versammlung der Literatur-AG wurde von den Schülern eine Wiederholung der Aufführung diskutiert.

⇨ Vor der Klassenarbeit werden vom Lehrer die wichtigsten Aufgabentypen wiederholt.

⇨ Beim Geräteturnen ist ein zehnjähriger Schüler verletzt worden.

⇨ Nächste Woche wird von der Afrika-Gruppe Geld für die Partnerschule in Tansania gesammelt.

⇨ Die Renovierung der Turnhalle wird vom „Verein der Ehemaligen" finanziell unterstützt.

⇨ Die Klassenarbeiten wurden von der Lehrerin verteilt.

⇨ Die Aula wurde in einer feierlichen Rede von dem Direktor eingeweiht.

Aufsätze konkret – *Tipps und Schreibanleitungen vom Unfallbericht bis zum Zeitungsartikel*

© Verlag an der Ruhr | Postfach 10 2251 | 45422 Mülheim an der Ruhr | **www.verlagruhr.de** | ISBN 978-3-8346-0457-6

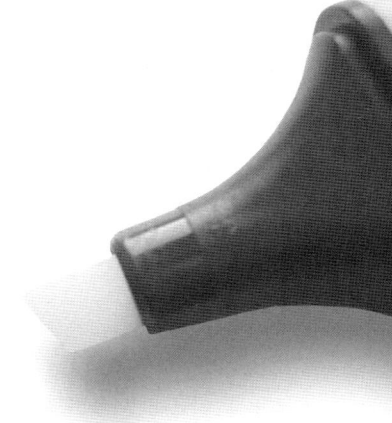

Brief

Formale Gestaltung von Briefen   50

Einladung   51

Entschuldigungsbrief   52

Im Stil vergriffen   53

Geschäftsbrief   54

Betreffzeilen   55

Anforderung von Informationsmaterial   56

Formale Gestaltung von Briefen

INFO

Bevor du einen Brief schreibst, solltest du dir folgende Fragen stellen und sie für dich beantworten:

⇨ *An wen richtet sich mein Brief?*
⇨ *Welches Verhältnis habe ich zum Adressaten?*
⇨ *In welchem Stil sollte ich schreiben?*
⇨ *Welchen Anlass habe ich für meinen Brief?*
⇨ *Was beabsichtige ich mit meinem Brief?*
⇨ *Worüber möchte ich schreiben? Was ist mein Thema?*
⇨ *In welcher Reihenfolge möchte ich meine Gedanken anordnen?*

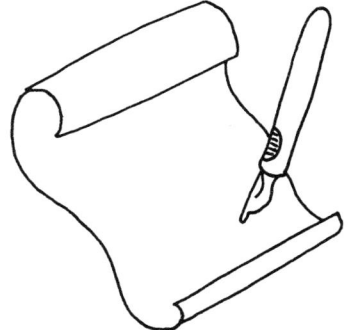

Es gibt private und geschäftliche Korrespondenz.
Anlässe für einen privaten Brief sind z.B.:

⇨ Einladung
⇨ Absage/Zusage
⇨ Entschuldigung
⇨ Gratulation
⇨ Übermittlung von Genesungswünschen
⇨ Liebesbrief
⇨ Urlaubsgrüße

Anlässe für einen geschäftlichen Brief sind z.B.:

⇨ Anforderung von Informationsmaterial
⇨ Beschwerde
⇨ Bestellung
⇨ Korrespondenz mit Versicherungen und Ämtern

Da du private Briefe meist an Personen schickst, die du kennst, kannst du hier weniger formal vorgehen.

Ein **privater Brief** sollte folgendermaßen aufgebaut sein:

⇨ Datum
⇨ Anrede *(Liebe/r)*
⇨ Übermittlung deiner Botschaft sowie Eingehen auf die Situation des Adressaten
⇨ Grußformel *(Liebe Grüße/Bis bald)*
⇨ Unterschrift

Ein **geschäftlicher Brief** ist formaler und muss deshalb auch mehr Informationen und Höflichkeitsfloskeln enthalten:

⇨ Adresse des Absenders *(Name, Straße, Ort)*
⇨ Adresse des Adressaten *(Firma, Name des Ansprechpartners, Straße, Ort)*
⇨ Datum
⇨ fett gedruckte Betreffzeile, die knapp das Thema des Briefes nennt
⇨ Anrede *(Sehr geehrte/r Frau/Herr …)*
⇨ Übermittlung deiner Botschaft
⇨ Dankesformel *(bereits im Voraus vielen Dank für Ihre Bemühungen)*
⇨ Grußformel *(Mit freundlichen Grüßen)*
⇨ Unterschrift *(Vor- und Nachname)*

Aufsätze konkret – *Tipps und Schreibanleitungen vom Unfallbericht bis zum Zeitungsartikel*

© Verlag an der Ruhr | Postfach 10 2251 | 45422 Mülheim an der Ruhr | **www.verlagruhr.de** | ISBN 978-3-8346-0457-6

Einladung

Du bekommst von deiner Freundin Sarah diese Einladung zum Geburtstag:

Liebe(r) ...,

am Samstag, 31. Juli 2008, feiere ich meinen Geburtstag und möchte mit dir lachen, quatschen, essen, Musik hören, tanzen ...
Los geht`s um 20 Uhr bei Sarah Becker, Schulstraße 3.
Das kalte Buffet darf durch Lieblingsgerichte ergänzt werden.
Wir feiern draußen – also zieh dich warm an!!!
Wenn du nicht kommst, verpasst du was ... Sag aber trotzdem bitte bis zum 20. Juli Bescheid.

Deine Sarah   0123-456789

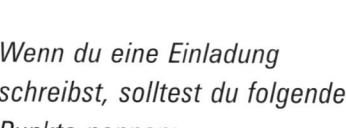

 Reagiere auf diese Einladung entweder mit einer Zusage oder Absage. Dabei helfen dir folgende Floskeln:

Absage:
⇨ Es tut mir leid, dass ich nicht kommen kann.
⇨ Ich bedaure, dass ich an der Feier nicht teilnehmen kann.
⇨ Leider ist es mir nicht möglich, zu deiner Feier zu kommen.
⇨ Ich würde gerne kommen, aber ...
⇨ Bedauerlicherweise kann ich zu deiner Party nicht kommen, denn ...
⇨ Leider muss ich dir absagen, weil ...

Zusage:
⇨ Vielen Dank für deine Einladung. Ich komme gern.
⇨ Ich freue mich schon auf deine Party.
⇨ Über deine Einladung habe ich mich sehr gefreut.
⇨ Natürlich bin ich bei deiner Party mit dabei.
⇨ Zu deiner Geburtstagsparty komme ich natürlich gern.

 Notiert euch eure tatsächlichen (oder erfundenen) Termine für die nächste Woche. Dann schreibt jeder seinen Namen auf einen kleinen Zettel und wirft ihn in einen Korb. Nun zieht jeder einen Namen und lädt die betreffende Person zu einer Party in der nächsten Woche ein. Wer sich selbst zieht, darf nochmal. Die Eingeladenen reagieren entsprechend ihrer Termine mit einer schriftlichen Zu- oder Absage.

Wenn du eine Einladung schreibst, solltest du folgende Punkte nennen:

⇨ *Anlass*
⇨ *Wochentag und Datum*
⇨ *Beginn der Feier (Uhrzeit)*
⇨ *Ort (gegebenenfalls Wegbeschreibung und Kopie eines Stadtplanausschnitts)*
⇨ *Frist für Zu- und Absagen*
⇨ *Telefonnummer für Rückfragen*
⇨ *gegebenenfalls Hinweis auf Kleiderordnung*
⇨ *gegebenenfalls Hinweis auf das, was mitzubringen ist*

51

© Verlag an der Ruhr | Postfach 10 22 51 | 45422 Mülheim an der Ruhr | www.verlagruhr.de | ISBN 978-3-8346-0457-6

Aufsätze konkret – *Tipps und Schreibanleitungen vom Unfallbericht bis zum Zeitungsartikel*

Entschuldigungsbrief

INFO

Deine Freundin Christine ist vor ein paar Monaten mit ihren Eltern in eine andere Stadt gezogen. Am Anfang hast du ihr jede Woche eine E-Mail oder einen Brief geschickt, aber in der letzten Zeit warst du sehr schreibfaul. Christine ist darüber enttäuscht und schreibt dir einen Brief.

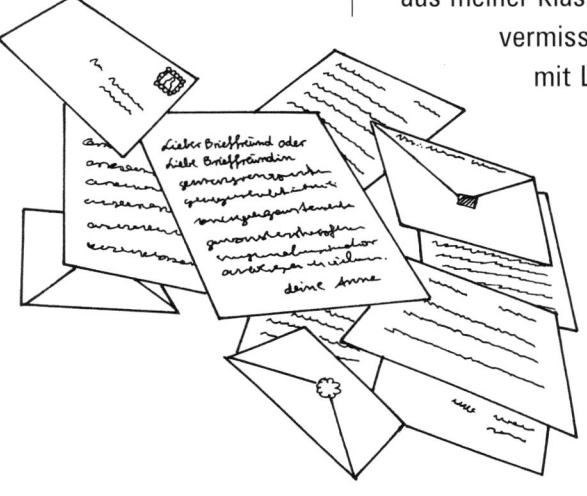

Liebe Monika,

ich finde es sehr schade, dass ich so lange nichts mehr von dir gehört habe. Warum meldest du dich nicht mehr bei mir? Das letzte Mal habe ich eine Postkarte von dir aus Spanien bekommen, aber das ist schon zwei Monate her.

Inzwischen hat längst die Schule wieder angefangen. Nicht nur bei euch, sondern auch hier in Stuttgart. Wir haben einige neue Lehrer bekommen, und ich glaube, dass dieses Schuljahr besser wird als das letzte. Endlich habe ich mich hier ein bisschen eingelebt.

Viel dazu beigetragen hat sicherlich der Sport. Seit Juli spiele ich wieder Basketball. Wir trainieren zweimal in der Woche und haben meist sonntagmorgens ein Spiel. In der Mannschaft sind auch zwei Mädchen aus meiner Klasse, mit denen ich mich gut verstehe. Aber trotzdem vermisse ich euch alle. Es ist einfach etwas anderes, ob man mit Leuten zusammen ist, die man schon lange kennt oder nur Fremde um sich herum hat.

Ich hoffe, du meldest dich bald bei mir. Mich interessiert sehr, was es bei dir Neues gibt. Außerdem möchte ich unbedingt wissen, wie sich unsere Basketballmannschaft in dieser Saison schlägt und welche neuen Lehrer ihr bekommen habt!

Also, lass bald wieder von dir hören.

Liebe Grüße
deine Christine

📝 **Schreibe einen Antwortbrief an Christine und entschuldige dich für die lange Funkstille. Mach dir zunächst Stichpunkte, auf welche Aspekte von Christines Brief du eingehen möchtest, damit du nichts Wichtiges vergisst.**

Ein paar Tipps für deinen Entschuldigungsbrief:

⇨ Entschuldige dich und erkläre dein Verhalten.

⇨ Bedanke dich bei Christine, dass sie dir trotzdem geschrieben hat.

⇨ Gehe auf Christines Situation ein und frage genauer nach.

⇨ Beantworte Christines Fragen und erzähle noch weitere Dinge von dir, die sie interessieren könnten.

⇨ Vielleicht kannst du sie mit einem Hinweis auf ein baldiges Wiedersehen trösten?

⇨ Versprich ihr, dich in Zukunft wieder regelmäßig bei ihr zu melden.

Aufsätze konkret – *Tipps und Schreibanleitungen vom Unfallbericht bis zum Zeitungsartikel*
© Verlag an der Ruhr | Postfach 10 22 51 | 45422 Mülheim an der Ruhr | **www.verlagruhr.de** | ISBN 978-3-8346-0457-6

Im Stil vergriffen

INFO

Peter hat von seinem Opa zum Geburtstag ein Fahrrad bekommen, das er sich schon lange gewünscht hat. Mit nebenstehendem Brief bedankt er sich.

Hi Opa Klaus,

ich hab echt 'nen supergeilen Geburtstag gehabt. Es war total cool, ich habe eine Party für alle Leute vom Fußballverein gemacht. Da ist es voll abgegangen, wir haben bis 12 Uhr abgedanced.

Voll geil, dass du an das Fahrrad gedacht hast. Es ist echt voll super und genauso, wie ich es haben will. Ich hab gestern schon eine krasse Tour gemacht, mein Kumpel Christian und ich sind 80 km gefahren. Total krass!

Bei der Fahrt zum Bergsee habe ich mich ausgepowert, voll hart, so lange mit dem Rad bergauf zu fahren. Aber am See war's echt geil, wir waren schwimmen und haben in der Sonne gebraten. Abends bin ich sofort ins Bett gefallen, so fertig war ich! Am nächsten Morgen habe ich erst mal bis 11 Uhr gepennt. In den Ferien komme ich mal wieder bei dir vorbei. Wär doch geil, wenn wir wie letztes Jahr wieder segeln könnten.

Dein Peter

Der Opa wundert sich etwas über den Brief, denn Peter hat viele Ausdrücke aus seiner Umgangssprache benutzt, die er nicht versteht. Bevor man Slang oder Umgangssprache benutzt, sollte man sich vergewissern, dass der Adressat diese Sprache auch versteht. Das ist bei gesprochener Sprache übrigens nicht anders! Wenn du dir unsicher bist, solltest du auf jeden Fall immer die Standardsprache benutzen.

 Schreibe den Brief nun so um, dass Peters Opa ihn mit Sicherheit verstehen kann.

 Übersetze die folgenden Ausdrücke aus der Umgangssprache in die Standardsprache.

⇨ Ich muss jetzt echt ranklotzen.

⇨ Den Alten kann ich mir echt nicht ziehen.

⇨ Marcus ist ja total verstrahlt.

⇨ Mathe geht mir total auf den Sack.

⇨ Sandra hat mich angebaggert.

⇨ Ich habe mir gestern drei Stunden Englischvokabeln reingezogen.

⇨ Dann hat mich einer schief von der Seite angelabert.

⇨ Das Verhalten von dem hat mich total angekotzt.

⇨ Die Tussi hat voll keinen Plan.

© Verlag an der Ruhr | Postfach 10 22 51 | 45422 Mülheim an der Ruhr | **www.verlagruhr.de** | ISBN 978-3-8346-0457-6

Aufsätze konkret – *Tipps und Schreibanleitungen vom Unfallbericht bis zum Zeitungsartikel*

Geschäftsbrief

 Beantworte an Stelle von Frau Müller den folgenden Brief. Halte dabei die äußere Form eines Geschäftsbriefes ein. Denk daran, eine prägnante Betreffzeile zu formulieren.

Absender ⇨	Unterwegs-Busreisen Am Markt 7 44111 Dortmund
Adressat ⇨	Stadt-Gymnasium Frau Anja Müller Waalwijker Straße 23 50935 Köln
Ort, Datum ⇨	Dortmund, 23.10.2008
Betreffzeile ⇨	Ihre Anfrage nach einem Reisebus
Anrede ⇨	Sehr geehrte Frau Müller,
Einleitung ⇨	wir bedanken uns für Ihre Anfrage nach einem Reisebus für Ihre Klassenfahrt nach Hamburg.
Haupttext ⇨	Leider haben Sie vergessen, uns mitzuteilen, an welchem Tag Sie diesen Bus benötigen. Bitte nennen Sie uns den genauen Termin, damit wir umgehend ein Angebot für Sie erstellen können.
Schlussformel ⇨	Wir hoffen, bald von Ihnen zu hören.
Gruß ⇨	Mit freundlichen Grüßen
Unterschrift ⇨	*Bernd Beckers*

 Um die Klassenfahrt zu organisieren, muss Frau Müller noch zwei weitere Briefe schreiben:

⇨ an die Touristen-Information in Hamburg, um Stadtpläne und Infomaterial anzufordern und

⇨ an die Schiffsgesellschaft HHG, um eine Hafenrundfahrt zu buchen.

Formuliere diese Briefe nach dem oben stehenden Muster.

Aufsätze konkret – *Tipps und Schreibanleitungen vom Unfallbericht bis zum Zeitungsartikel*   © Verlag an der Ruhr | Postfach 10 22 51 | 45422 Mülheim an der Ruhr | **www.verlagruhr.de** | ISBN 978-3-8346-0457-6

Betreffzeilen

 Formuliere für die folgenden Situationen eine kurze Betreffzeile, die kompakt über den Anlass des Schreibens informiert.

INFO

Bei einem offiziellen Brief erleichterst du es dem Empfänger durch eine Betreffzeile, deinen Brief der entsprechenden Abteilung zuzuordnen und sich einen **Überblick über den Inhalt des Schreibens** *zu verschaffen. Meistens besteht diese Betreffzeile aus einem substantivierten Verb, wie z.B.: Du möchtest bei der Firma XY einen Katalog bestellen. Deine Betreffzeile könnte dann lauten:* **Bestellung eines Katalogs.**

Du hast von deiner Versicherung einen Fragebogen zugeschickt bekommen.

Du möchtest über einen Urlaubsort Informationsmaterial anfordern.

Du erkundigst dich bei einer Jugendherberge nach den Preisen.

Du möchtest den Vertrag deines Handys kündigen.

Du musst dein Mofa reparieren lassen und lässt dir von der Werkstatt einen Kostenvoranschlag erstellen.

Du hast eine Stellenanzeige in der Zeitung gelesen und bewirbst dich bei der Firma.

Du hattest einen Unfall und schickst die Schadensmeldung an deine Versicherung.

Du beantragst bei deiner Bank eine neue EC-Karte.

Firma XY hat einen Rechnungsbetrag versehentlich zweimal von deinem Konto abgebucht.

Du möchtest das aktuelle Programm des Schauspielhauses zugeschickt bekommen.

Du kündigst deine Mitgliedschaft im Sportverein.

Du möchtest für deine Klasse eine Museumsführung buchen.

© Verlag an der Ruhr | Postfach 10 22 51 | 45422 Mülheim an der Ruhr | www.verlagruhr.de | ISBN 978-3-8346-0457-6

Aufsätze konkret – *Tipps und Schreibanleitungen vom Unfallbericht bis zum Zeitungsartikel*

Anforderung von Infomaterial

 Welcher Brief hat bessere Chancen, schnell bearbeitet zu werden? Warum?

Um eine Klassenfahrt nach Berlin vorzubereiten, fehlen noch einige Informationen. Deshalb haben zwei Schüler der Klasse 8a jeweils einen Brief an die Berliner Touristen-Information verfasst.

 **Brief 2**

Sehr geehrte Frau Becker,

da unsere Klasse vom 20. bis 21. Oktober einen Ausflug nach Berlin macht, bitte ich Sie, uns Informationsmaterial zuzuschicken. Zum einen interessieren uns allgemeine Informationen zur Stadtgeschichte und zu einzelnen Sehenswürdigkeiten. Zum anderen hätten wir gern eine Übersicht über aktuelle Kunstausstellungen.

Bereits im Voraus vielen Dank für Ihre Bemühungen.

Mit herzlichen Grüßen aus Bremen
Stefan Wenzel

 **Brief 1**

Sehr geehrte Frau Becker,

ich besuche die 8. Klasse des Goethe-Gymnasiums in Bremen. Im nächsten Monat wollen wir mit unserer Klassenlehrerin, Frau Wegner, eine zweitägige Klassenfahrt nach Berlin machen. Eigentlich wären wir lieber nach München gefahren, weil das aber zu weit weg ist, haben wir uns für Berlin entschieden. Da wir noch nicht genau wissen, was man in Berlin so alles machen kann, hätten wir gern Infomaterial von Ihnen. Es wäre sehr nett, wenn Sie uns Broschüren über Sehenswürdigkeiten in Berlin zuschicken könnten. Wir haben zwar auch ein paar Reiseführer aus unserer Stadtbibliothek ausgeliehen, aber die sind nicht mehr so aktuell. Und wenn wir schon mal nach Berlin kommen, wollen wir natürlich wissen, was da so läuft. Haben Sie auch Stadtpläne für uns?

Ich danke Ihnen bereits im Voraus sehr herzlich für die Übersendung der gewünschten Unterlagen.

Mit freundlichen Grüßen
Sabine Meißner

 Verbessere die Entwürfe und bringe sie in die formale Briefform. Fehlende Angaben dazu kannst du dir ausdenken. Vergiss die Betreffzeile nicht.

Noch ein paar Tipps für solche Bittbriefe:

⇨ Schicke deinen Brief frühzeitig ab, denn du musst mit Bearbeitungszeit rechnen.
⇨ Formuliere dein Anliegen knapp in der Betreffzeile.
⇨ Beschränke dich auf die nötigen Informationen.
⇨ Erläutere deine Wünsche/Fragen so genau wie möglich.
⇨ Bedanke dich im Voraus für die Hilfe.

Aufsätze konkret – *Tipps und Schreibanleitungen vom Unfallbericht bis zum Zeitungsartikel*   © Verlag an der Ruhr | Postfach 10 22 51 | 45422 Mülheim an der Ruhr | **www.verlagruhr.de** | ISBN 978-3-8346-0457-6

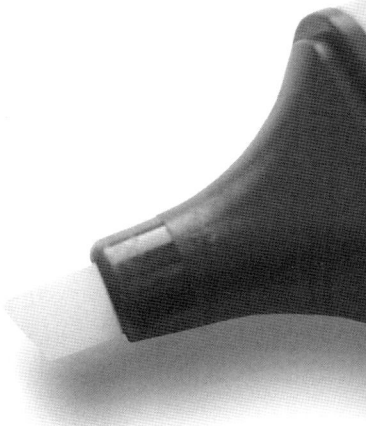

Werbetexte

Merkmale von appellativen Texten   58

Laborexperiment   59

Werbeslogans   60

Kosmetiktexte   61

Reiseprospekte   62

Werbetexte für eine Kreuzfahrt   63

Bildhafte Adjektive   64

Merkmale von appellativen Texten

Jedes Kind kennt die Milka-Kuh, kann selbstverständlich allein am Logo identifizieren, ob es sich um Pepsi oder Coca Cola handelt, und weiß genau, welche Süßigkeiten besonders froh machen.

Diese wenigen Beispiele belegen, welchen großen Stellenwert Werbung in unserem Alltag einnimmt. Viele Produkte sind untrennbar mit einem bestimmten Image und einer bestimmten Marke verbunden. Dass es so ist, dafür sorgt die Werbung.

Mit Hilfe folgender Mittel appelliert Werbung an den Kunden:

⇨ markantes Design des Produkts/der Verpackung

⇨ unverwechselbare Gestaltung des Werbespots bzw. der Anzeige

⇨ Auftreten von Personen, die mit dem Produkt in Verbindung gebracht werden und eine bestimmte Zielgruppe ansprechen oder repräsentieren

⇨ einprägsame Slogans

⇨ überzeugende, bildhafte Sprache

Dieser Appell an die Kunden besteht aus vier Schritten, die du dir als **AIDA-Formel** merken kannst:

A = Attention *(Aufmerksamkeit)* auf sich ziehen

Der Text ist so gestaltet, dass er die Aufmerksamkeit der Leser auf sich lenkt. Das geschieht beispielsweise durch Fotos als Blickfang, durch farbliche oder graphische Gestaltung (Schriftgrößen, Unterstreichungen) sowie durch ins Auge springende Überschriften.

I = Interest *(Interesse)* wecken

Absicht des Textes ist, den Leser für den Inhalt zu interessieren. Deshalb spricht er den Leser direkt an oder verwendet rhetorische Fragen, um in eine Art Dialog mit dem potenziellen Kunden zu treten.

D = Desire *(Wunsch)* hervorrufen

Die Botschaft eines Werbetextes soll beim Leser den Wunsch wecken, das betreffende Produkt zu besitzen. Deshalb betont der Werbetext die positiven Seiten des Produkts und verspricht dem Leser Annehmlichkeiten (Genuss, Komfort, Vorteile) durch dieses. So bekommt es beim Adressaten ein positives Image.

A = Action *(Handlung)* erreichen

Die Werbung fordert den Leser auf, aktiv zu werden. Direkte Anrede und Imperativformen ermuntern den Konsumenten, das entsprechende Produkt zu kaufen bzw. eine Partei zu wählen, eine Theateraufführung zu besuchen etc.

Aufsätze konkret – *Tipps und Schreibanleitungen vom Unfallbericht bis zum Zeitungsartikel*

© Verlag an der Ruhr | Postfach 10 22 51 | 45422 Mülheim an der Ruhr | **www.verlagruhr.de** | ISBN 978-3-8346-0457-6

Laborexperiment

Werbetexte

INFO

Die eine Hälfte eurer Klasse übernimmt die Rolle der Wissenschaftler, die andere Hälfte die der Versuchspersonen (Probanden).

Nehmt für dieses Experiment eine kurze Sequenz eines Fernsehprogramms auf (5–10 Minuten), die von einem Werbeblock unterbrochen wird. Dieser Werbeblock sollte ca. 10 Beiträge enthalten.

Die Probandengruppe bekommt den Auftrag, die Fernsehsendung sowie die Werbung anzuschauen, darf sich dabei aber keine Notizen machen.

Die Forschergruppe entwickelt unterdessen einen Fragenkatalog zu den Werbebeiträgen, um zu ermitteln, welche Inhalte und Bilder den Zuschauern im Gedächtnis geblieben sind.

Um herauszufinden, wie eine Werbekampagne auf potenzielle Kunden wirkt, beauftragen viele Firmen Marktforschungsinstitute. Diese befragen ausgewählte Zielgruppen, um den Erfolg oder Misserfolg eines Werbespots zu ermitteln. Ein solches Experiment könnt ihr in eurer Klasse leicht nachmachen:

Die Fragen sollten zunächst auf allgemeine Beobachtungen abzielen und sich dann auf einen bestimmten Spot (nicht den ersten oder letzten der Sequenz) beziehen. Allgemeine Fragen sind beispielsweise:

⇨ Für welche Produkte wurde in den gezeigten Werbefilmen geworben?

⇨ Kannst du dich noch daran erinnern, welche Slogans mit den Produkten verknüpft waren?

⇨ Um was ging es ganz grob in den einzelnen Spots?

Danach folgen Fragen zu einem ausgewählten Werbespot, beispielsweise:

⇨ Was war für dich die zentrale Botschaft des Spots?

⇨ Was glaubst du, an welche Zielgruppe sich dieser Spot richtet?

⇨ Welche Bilder/Szenen aus diesem Spot sind dir im Gedächtnis geblieben?

⇨ Kannst du den zentralen Slogan wiederholen?

Dann befragt je ein Forscher einen Probanden zu diesem Thema und hält die Ergebnisse schriftlich fest. Anschließend könnt ihr die Resultate mit der ganzen Klasse vergleichen. Am besten macht ihr Stichpunkte zu den einzelnen Fragen an der Tafel und haltet mit einer Strichliste fest, was die jeweiligen Forscher herausgefunden haben.

© Verlag an der Ruhr | Postfach 10 2251 | 45422 Mülheim an der Ruhr | www.verlagruhr.de | ISBN 978-3-8346-0457-6

Aufsätze konkret – *Tipps und Schreibanleitungen vom Unfallbericht bis zum Zeitungsartikel*

Werbetexte

Werbeslogans

Werbetexte wollen dich von den Vorteilen eines Produktes überzeugen und zum Kauf anregen. Um dieses Ziel zu erreichen, sind sie in einer besonders einprägsamen – häufig reißerischen und plakativen Sprache verfasst. Vieles wird durch positive Adjektive, Superlative und Beschönigungen ins beste Licht gerückt. Das spricht potenzielle Kunden an und weckt bei ihnen den Wunsch, das Produkt zu besitzen.

Kennzeichen von Werbeslogans

⇨ Benutzung von Modewörtern
⇨ Schöpfung von Neuwörtern
⇨ Verwendung von Abkürzungen
⇨ Anglizismen (englischsprachige Werbebotschaften)
⇨ Gebrauch von Superlativen
⇨ Umgangssprache

Durch folgende sprachliche Mittel schaffen Werbetexte ein positives Produktimage:

⇨ Beschönigungen
⇨ pseudowissenschaftliche Phrasen und Behauptungen
⇨ angenehme Bilder
⇨ lobende Adjektive
⇨ vermeintlich authentische Zitate von Betroffenen
⇨ persönliche Ansprache der Kunden

 Suche aus verschiedenen Zeitungen und Zeitschriften Anzeigen heraus und untersuche die Sprache der Werbeslogans. Ordne die darin vorkommenden Ausdrücke in die unten stehende Tabelle ein. Fallen dir weitere Merkmale der Werbesprache auf? Welche Wirkung entsteht dadurch?

Modewörter	Neuwörter	Abkürzungen	Anglizismen	Superlative	Umgangssprache
Bleib cool. Trink Nestea! *(Nestea)*	Wenn dich der Milchjieper packt! *(Kinder Riegel)*	T-Modell der E-Klasse *(Mercedes)*	Be inspired. *(Siemens mobile)*	Die wahrscheinlich längste Praline der Welt. *(Duplo)*	Hast du's drauf? *(Nutella)*
Geiz ist geil! *(Saturn)*	günstixt *(E-Sixt)*		Here I am. *(Nike)*		Nur wo Kellogg's drauf steht, ist auch Kellogg's drin. *(Kellogg's)*
	unkaputtbar *(Coca Cola)*		Get the feeling. *(Toyota)*		

Aufsätze konkret – *Tipps und Schreibanleitungen vom Unfallbericht bis zum Zeitungsartikel*

© Verlag an der Ruhr | Postfach 10 22 51 | 45422 Mülheim an der Ruhr | **www.verlagruhr.de** | ISBN 978-3-8346-0457-6

Kosmetiktexte

Werbetexte

 Folgende Texte findest du auf der Rückseite von Kosmetik-packungen. Liste die Ausdrücke auf, die charakteristisch für die Beschreibung von Kosmetika sind. Untersuche anschließend, ob es bei anderen Produktgruppen (z.B. Tütensuppen oder Schokolade) ebenfalls typische Formulierungen gibt.

Handcreme mit Wirkstoffen aus der Natur

Diese Handcreme mit *Pfirsich-Extrakt* pflegt und schützt intensiv, Tag für Tag, besonders stark ausgetrocknete und strapazierte Hände. *Kamillen-* und *Ringelblumen-Extrakte* beruhigen die raue, beanspruchte Haut.
Die Creme zieht rasch ein und macht die Hände sofort nach der Anwendung zart und geschmeidig.

Duschcreme Vanille & Mandel

Duschen & Pflegen in einem! Reichhaltige Mandelmilch und harmonisierender, warm duftender Vanille-Extrakt geben trockener und empfindlicher Haut bereits beim Duschen intensive Pflege. Ein spezielles Rückfettungssystem aus natürlichen Lipiden pflegt die Haut wie eine Lotion und verleiht ein samtweiches Hautgefühl.

Body-Lotion

Harmonie und Wohlbefinden für Körper und Sinne. Feuchtigkeit spendende Lotion mit natürlichen Extrakten aus Sandelholz, Pfingstrosen-blättern und Immortellen. Für die Ganzkörpermassage nach dem Duschen. Verstärkt das Gefühl von Entspannung und Wohlbefinden.

Body-Lotion

Reichhaltige Feuchtigkeits-pflege für natürlich schöne, samtweiche Haut. Echte Kakaobutter, natürliche Öle und Vitamine machen selbst trockene Haut wieder samt-weich und geschmeidig.

Natural Duschgel

verwöhnt Ihre Haut mit wertvollen natürlichen Pflege-stoffen. Das klare Gel reinigt besonders schonend und sanft. Es berücksichtigt durch die milde Zusammensetzung der Reinigungssubstanzen den natürlichen Feuchtigkeitshaus-halt der Haut. Die Wirkstoff-kombination von Kokosmilch und Weizenkeim pflegt beson-ders trockene Haut und macht sie glatt und geschmeidig.

Sanftes Gesichtswasser mit Mandelextrakt

Anwendung: Täglich morgens und abends nach der Reini-gung auf einen Wattepad geben und damit großzügig Gesicht, Hals und Dekolleté abtupfen. Die Haut ist so für die Aufnahme der nach-folgenden Pflegeprodukte optimal vorbereitet. Duftneutral, ph-hautneutral. Hautverträglichkeit dermatologisch getestet.

Augen-Make-up Entferner-Lotion

Entfernt wasserlösliches Augen-Make-up sanft und zugleich gründlich, ohne zu fetten. Neues Augen-Make-up lässt sich gleich anschließend wieder auftragen. Die ange-nehm leichte und besonders sanfte Formel reizt die emp-findliche Augenpartie nicht.

Totes Meer Duschgel

ist ein mineralreiches und zugleich erfrischendes Dusch-bad. Pflegende Wirkstoffe und Totes-Meer-Salz geben Ihrer Haut wichtige Mineralien zurück, und die porentiefe Reinigung beugt Pickeln und Mitessern vor.

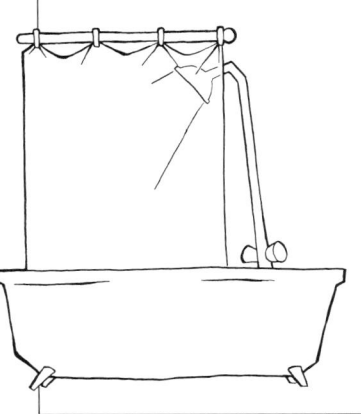

61

© Verlag an der Ruhr | Postfach 102251 | 45422 Mülheim an der Ruhr | www.verlagruhr.de | ISBN 978-3-8346-0457-6

Aufsätze konkret – Tipps und Schreibanleitungen vom Unfallbericht bis zum Zeitungsartikel

Reiseprospekte

Reiseprospekte halten nicht immer, was sie versprechen. Negative Dinge, wie z.B. die Hauptverkehrsstraße vor dem Hotelzimmerfenster oder ein verschmutzter Strand, werden in der Regel verschwiegen oder beschönigt. In ganz harten Fällen werden den Touristen sogar bewusst falsche Tatsachen vorgespiegelt und wichtige Informationen vorenthalten. Damit du beim Buchen eines Urlaubs keine bösen Überraschungen erlebst, solltest du in der Lage sein, die Geheimsprache der Kataloge zu entschlüsseln.

 Versetze dich in die Lage der Reiseanbieter und überlege, wie du die folgenden Nachteile einer Ferienanlage in einem Prospekt positiv umschreiben könntest.

Was der Prospekt verspricht	Wie es wirklich ist
Hotel direkt am Meer	Das Hotel liegt zwar am Meer, aber nicht am Strand. Möglicherweise gibt es hier eine Steilküste oder eine Straße, die den Weg zum Strand abschneidet.
verkehrsgünstige Lage	Das Hotel ist kein Garant für Nachtruhe, sondern man muss mit Lärmbelästigung von Autobahnen oder einem Flughafen rechnen.
aufstrebender Ort	Hier ist allerlei los, nämlich Baustellen, Umbaumaßnahmen.
	Es gibt viele Diskotheken und Reisegruppen, die abends lange und laut feiern.
	Die Zimmer sind karg und schlicht möbliert.
	Für die Benutzung von Sonnenschirmen und Liegen muss extra – nicht gerade wenig – bezahlt werden.
	Das Hotel selbst bietet keinerlei Sportmöglichkeiten. Allerdings gibt es im Ort Tennisplätze, die extra bezahlt werden müssen.
	Hier ist für Jugendliche gar nichts los, keine Kneipen, Cafés, Diskos.
	Der nächste Ort mit Einkaufs- und Freizeitmöglichkeiten ist 15 Kilometer entfernt.
	Im Speisesaal gibt es zwar eine Klimaanlage, aber nur in wenigen Hotelzimmern. In den anderen Räumen sorgt die Sonne für Sauna-Temperaturen.
	Das Hotel liegt oben auf einem Berg und ist nur über einen engen Pfad zu erreichen.
	Am Strand gibt es keinen feinen, weißen Sand, sondern Kieselsteine, sodass man dort nicht auf einem Handtuch liegen kann.

 Besorge dir aus einem Reisebüro verschiedene Kataloge und suche nach weiteren Formulierungen, mit denen (vermutlich) die Wahrheit verschleiert wird.

Aufsätze konkret – *Tipps und Schreibanleitungen vom Unfallbericht bis zum Zeitungsartikel*

© Verlag an der Ruhr | Postfach 10 2251 | 45422 Mülheim an der Ruhr | www.verlagruhr.de | ISBN 978-3-8346-0457-6

Werbetexte für eine Kreuzfahrt

 Vergleiche die beiden Beschreibungen miteinander. An welche Zielgruppe richtet sich das Kreuzfahrtschiff Roma Prima, an welche das Schiff Adria? Stelle die Aspekte gegenüber, die als besondere Merkmale des jeweiligen Schiffs genannt werden.

Roma Prima

Moderne Eleganz ist für unser neues Flaggschiff genauso typisch wie hoher Komfort und eine exzellente Küche. Damit Sie die ausgewogene italienische und internationale Kochkunst in aller Ruhe genießen können, gibt es nur eine Tischzeit. Nach dem Essen trifft man sich in der eleganten Piano-Bar mit ihrem weitläufigen Bartresen oder im Musiksalon, wo Sie ein glanzvolles internationales Show-Programm genießen können.

An Bord des schwimmenden First-Class-Hotels finden Sie – zu erfreulich günstigen Preisen – alles, was das anspruchsvolle Herz begehrt: von geräumigen Kabinen über weitläufige Decks, großzügig konzipierte Gesellschaftsräume und ein vielfältiges Sport- und Unterhaltungsangebot bis hin zu freundlichem Servicepersonal, das Sie stets zuvorkommend bedient.

Adria

Weniger Luxus als vielmehr Gemütlichkeit und eine locker-legere Urlaubsstimmung an Bord haben unser Kreuzfahrtschiff Adria in kürzester Zeit beliebt gemacht. „Urlaub ohne Krawatte" ist die Devise. Man trifft sich im attraktiven, hellen Restaurant zum gutbürgerlichen Essen oder auf dem Pool-Deck zu einem geselligen Barbecue. Die behaglichen Kabinen sind hell und freundlich ausgestattet. Bei fröhlichen Partys und abwechslungsreicher Unterhaltung schließt man schnell neue Freundschaften.

Auch für sportliche Aktivitäten gibt es zahlreiche Möglichkeiten. Auf dem Panorama-Deck macht das Fitness-Center mit großen Fenstern und verspiegelten Wänden Lust auf sportliche Aktivität. Supergünstige Preise garantieren den perfekten Kreuzfahrt-Spaß.

© Verlag an der Ruhr | Postfach 102251 | 45422 Mülheim an der Ruhr | www.verlagruhr.de | ISBN 978-3-8346-0457-6

Aufsätze konkret – *Tipps und Schreibanleitungen vom Unfallbericht bis zum Zeitungsartikel*

Bildhafte Adjektive

Typisch für die Sprache der Werbung sind zusammengesetzte Adjektive, die besonders bildhaft sind.
Einige solcher Adjektive findest du in dem Kasten rechts.

Verbinde immer zwei Adjektive so miteinander, dass ein sinnvolles neues Wort entsteht. Überlege dann, welche weiteren bildhaften Adjektive du kennst.

stein ☐	☐ weich
apfel ☐	☐ rot
kuschel ☐	☐ hart
eis ☐	☐ grün
feuer ☐	☐ neu
schnee ☐	☐ frisch
zucker ☐	☐ rund
streich ☐	☐ kalt
pfeil ☐	☐ süß
brand ☐	☐ schnell
tau ☐	☐ weiß
kreis ☐	☐ tief
haus ☐	☐ zart
sonnen ☐	☐ alt
abgrund ☐	☐ hoch
bären ☐	☐ gelb
bienen ☐	☐ fleißig
stein ☐	☐ stark

Ergänze Wörter, die aus den umkreisten Adjektiven bildhafte Ausdrücke machen.

weich

samt

blitz

schnell

fest

streich

Erfindet Slogans für verschiedene Produkte. Benutzt dabei möglichst viele bildhafte Adjektive.

Aufsätze konkret – *Tipps und Schreibanleitungen vom Unfallbericht bis zum Zeitungsartikel*

© Verlag an der Ruhr | Postfach 10 22 51 | 45422 Mülheim an der Ruhr | **www.verlagruhr.de** | ISBN 978-3-8346-0457-6

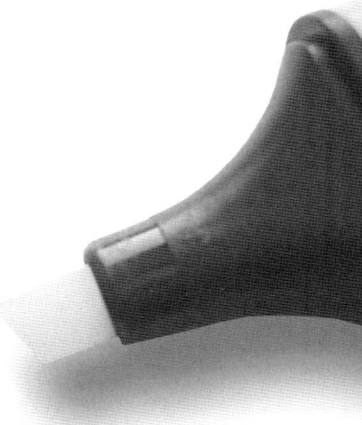

Erörterung

Merkmale von Erörterungen   66

Lineare Erörterung   67

Dialektische Erörterung   68

Textgliederung   69

Argumente sammeln   70

Behauptung – Meinung – Argument   71

Abwägen von Argumenten   72

Merkmale von Erörterungen

Du willst deine Freunde dazu überreden, im Sommer lieber einen Kanu-Urlaub in Schweden zu verbringen, als einen Last-Minute-Urlaub auf Mallorca. Um sie zu überzeugen, suchst du nach Gründen, die ihnen den Urlaub in Schweden schmackhaft und den auf Mallorca abspenstig machen. Solche Überzeugungsarbeit leistest du in jeder Erörterung. In einer Erörterung nimmst du zu einem Thema/einer Frage Stellung und versuchst, den Leser mit guten Argumenten von deiner Meinung zu überzeugen. Deshalb gehört die Erörterung zu den **argumentativen Texten**. Das Wort Argument kommt ursprünglich von dem lateinischen *„arguere"*, was *„erhellen"*, *„veranschaulichen"* oder *„beweisen"* bedeuten kann. Ein Argument ist eine **Begründung für eine Behauptung**. Argumente können

⇨ Fakten,
⇨ Meinungen oder
⇨ Beispiele

sein. Es ist immer besser, in einer Erörterung mehrere Argumente aufzuzählen. Je mehr gute Argumente du hast, desto leichter bringst du deinen Leser auf deine Seite. Eine weitere Möglichkeit, deinen Leser zu beeinflussen, ist, die entgegengesetzte Meinung mit Argumenten zu widerlegen.

Um deinen Zuhörer z.B. davon zu überzeugen, dass der Kanu-Urlaub in Schweden viel lustiger ist, zählst du die Nachteile eines Last-Minute-Mallorca-Urlaubs auf.

Beim Verfassen einer Erörterung solltest du folgende Schritte befolgen:

 Erschließung des Themas
Was weiß ich über dieses Thema?
Wie stehe ich zu diesem Thema?

 Stoffsammlung
Recherche und Zusammentragen von Informationen zum Thema

 Ordnung und Auswahl des Stoffes
Was habe ich zusammengetragen?
Welche Informationen nehme ich in meine Argumentation auf?

 Gliederung des Stoffes
Gliederung erstellen

 Schreiben

Aufsätze konkret – *Tipps und Schreibanleitungen vom Unfallbericht bis zum Zeitungsartikel*

© Verlag an der Ruhr | Postfach 10 2251 | 45422 Mülheim an der Ruhr | **www.verlagruhr.de** | ISBN 978-3-8346-0457-6

Lineare Erörterung

 Ergänze die folgende Liste mit weiteren Argumenten zu der Fragestellung: „Warum sollten Jugendliche in Deutschland Schuluniformen tragen?"
Bringe deine Auflistung anschließend in eine logische Reihenfolge.

Warum sollten Jugendliche in Deutschland Schuluniformen tragen?

⇨ In anderen Ländern gibt es auch Schuluniformen, und man hat dort positive Erfahrungen damit gemacht.

⇨ Durch gleiche Kleidung gibt es keine Konkurrenz mehr zwischen den Schülern.

⇨ Markenzwang und Konsumterror nehmen ab.

⇨ Mit Schuluniformen muss sich morgens niemand mehr überlegen, was er anziehen soll.

⇨ Im Gegensatz zu bauchfreien Tops und Miniröcken sind Schuluniformen angemessene, nicht provokative Kleidungsstücke.

⇨ Soziale Unterschiede sind nicht mehr an der Kleidung erkennbar.

⇨ Es gibt weniger Ladendiebstähle, weil die Schüler weniger Kleidung brauchen.

⇨ Die Schüler messen der Kleidung weniger Bedeutung zu.

⇨ Die Schüler identifizieren sich mit ihrer Schule.

⇨ Familien sparen Geld, weil die Kinder nicht mehr so viele verschiedene Kleidungsstücke benötigen.

⇨ ...

⇨ ...

⇨ ...

 Schreibe nun eine lineare Erörterung.
Du kannst deine Argumente mit Hilfe folgender Ausdrücke verknüpfen:

⇨ Zu bedenken ist, ...

⇨ Zu beachten ist außerdem, ...

⇨ Darüber hinaus muss man berücksichtigen, ...

⇨ Hinzu kommt, ...

⇨ Zu ergänzen ist, dass ...

⇨ Nicht außer Acht lassen sollte man, dass ...

⇨ Außerdem ...

⇨ Des Weiteren ...

⇨ Ein weiterer Aspekt ist, ...

67

© Verlag an der Ruhr | Postfach 102251 | 45422 Mülheim an der Ruhr | www.verlagruhr.de | ISBN 978-3-8346-0457-6

Aufsätze konkret – *Tipps und Schreibanleitungen vom Unfallbericht bis zum Zeitungsartikel*

Dialektische Erörterung

*Bei einer dialektischen Erörterung geht es darum, das **Pro** und **Kontra** einer Fragestellung abzuwägen. Es handelt sich dabei um Entscheidungsfragen, die häufig mit Hilfsverben (sollen, müssen, dürfen) formuliert sind und mindestens zwei Lösungsmöglichkeiten haben, z.B. „Sollten Hunde in Deutschland immer einen Maulkorb tragen?". Wenn du zu einem Thema eine dialektische Erörterung schreibst, überlegst du dir zunächst, welche Meinung du vertreten willst. Dementsprechend baust du deine **Argumentation** auf. Damit du deinen Standpunkt fundiert begründen kannst, sammelst du Pro- und Kontra-Argumente und wägst sie gegeneinander ab. Am besten stellst du sie in einer Tabelle gegenüber.*

Für den Aufbau deiner Erörterung hast du verschiedene Möglichkeiten:

⇨ *Du nennst zuerst alle Pro- und danach alle Kontra-Argumente bzw. umgekehrt.*

⇨ *Du stellst immer ein Pro- und ein Kontra-Argument gegenüber. Das hat zwar den Vorteil, dass du Gegenargumente unmittelbar entkräften kannst, ist aber schwieriger, weil sich deine Argumente direkt aufeinander beziehen müssen.*

Die Argumente deiner Erörterung sollten miteinander verknüpft sein. Um Pro- und Kontra-Argumente gegenüberzustellen und sie gleichzeitig miteinander zu verknüpfen, kannst du z.B. folgende Ausdrücke benutzen:

⇨ Auf der einen Seite … auf der anderen Seite

⇨ Einerseits … andererseits

⇨ Zum einen … zum anderen

⇨ Im Gegensatz dazu …

⇨ Allerdings …

⇨ Jedoch …

⇨ Hingegen …

⇨ Zwar … aber

⇨ Mit der These stimme ich überein …

⇨ Dieser These möchte ich widersprechen …

 Lies die folgende Erörterung. Schreibe sie in dein Heft. Ergänze dabei die Lücken und füge weitere Argumente hinzu.

Sollten Jugendliche in Deutschland Schuluniformen tragen?

Kleidung sorgt in der Schule für jede Menge Zündstoff: Immer wieder wird in den Medien diskutiert, ob sich Jugendliche in der Schule angemessen kleiden. Angesichts der in diesem Sommer modernen Miniröcke äußerten Politiker verschiedener Parteien den Wunsch, in deutschen Schulen Uniformen für die Jugendlichen einzuführen. Die Meinungen zu der Frage „Sollen Jugendliche in Deutschland Schuluniformen tragen?" sind geteilt.

Vorteilhaft ist, dass durch Schuluniformen soziale Unterschiede zwischen den Schülern weniger leicht zu erkennen sind, weil … Das könnte dazu beitragen, dass …

Es ist aber möglich, soziale Unterschiede auf andere Weise, z.B. … zu zeigen.

Zu berücksichtigen ist auch, … Gerade für Jugendliche bietet Kleidung eine Möglichkeit, ihre Individualität zu betonen. Schuluniformen jedoch … Deshalb bin ich der Meinung, dass …

Aufsätze konkret – *Tipps und Schreibanleitungen vom Unfallbericht bis zum Zeitungsartikel* © Verlag an der Ruhr | Postfach 10 22 51 | 45422 Mülheim an der Ruhr | **www.verlagruhr.de** | ISBN 978-3-8346-0457-6

Textgliederung

Erörterung

Tipps für die Textgliederung

1. Immer, wenn du einen neuen Gedanken äußerst oder das nächste Argument nennst, solltest du einen Absatz machen.

2. Prüfe, ob alles, was du zu einem Punkt zu sagen hast, im gleichen Abschnitt des Textes steht. Wenn die Informationen auf mehrere Stellen im Text verteilt sind, besteht die Gefahr, dass deine Erörterung Gedankensprünge aufweist und der Leser verwirrt wird.

3. Verknüpfe aufeinanderfolgende Absätze
- mit Pronomina wie *„dieses"* oder *„solches"*,
- durch Verbindungsfloskeln wie *„somit"*, *„dadurch"*, *„wobei"* und
- formuliere potenzielle Einwände zu deiner Position als rhetorische Frage, die du im nächsten Abschnitt entkräftest, z.B. *„Aber geht den Schülern mit Schuluniformen nicht ein Teil ihrer Individualität verloren?"*

In der folgenden Erörterung wird die Frage diskutiert, ob es in Deutschland nur noch Ganztagsschulen geben sollte. Gliedere den Text in Absätze und verknüpfe die einzelnen Sinnabschnitte logisch miteinander.

Ganztagsschulen für alle?

Viele Kinder und Jugendliche sind nach dem Schulunterricht sich selbst überlassen, weil ihre Eltern den ganzen Tag berufstätig sind und erst abends nach Hause kommen. Eine warme Mahlzeit bekommen sie zu Hause nicht. Deshalb ist es praktisch, wenn sie in der Schule ein gesundes, preiswertes Mittagessen kaufen können. Die Ganztagsschule ermöglicht ihnen auch eine sinnvolle Freizeitgestaltung. Nachmittags gibt es viele Sportangebote und AGs, wie z.B. Erste Hilfe, Klettern und Schach. Eine Ganztagsschule ist nicht für jedes Kind das Richtige, viele sind froh, wenn sie nach sechs oder sieben Stunden Unterricht endlich nach Hause gehen und ihr Privatleben genießen können. Sie finden es anstrengend, den ganzen Tag mit anderen Menschen zusammen zu sein und nicht die Freunde treffen zu können, die sie in ihrer Nachbarschaft haben. Zum Spielen und Herumgammeln bleibt zu wenig Zeit, weil der Nachmittag in der Schule sinnvoll genutzt wird. Für viele Kinder bedeutet das Stress. Für andere Kinder ist es gerade diese klare Struktur, die ihnen hilft, ihr Leben zu bewältigen. Ich glaube, man kann sich nicht pauschal für oder gegen Ganztagsschulen aussprechen, sondern muss die Entscheidung von Charakter und Veranlagung des entsprechenden Kindes abhängig machen. Eltern sollten diese schwierige Frage am besten gemeinsam mit ihren Kindern klären.

© Verlag an der Ruhr | Postfach 10 22 51 | 45422 Mülheim an der Ruhr | www.verlagruhr.de | ISBN 978-3-8346-0457-6

Aufsätze konkret – *Tipps und Schreibanleitungen vom Unfallbericht bis zum Zeitungsartikel*

Argumente sammeln

INFO

Eine Diskussion ist ein
Meinungsaustausch *zwischen mindestens zwei Personen über ein Thema. Das Wort „Diskussion" stammt von dem lateinischen Wort „discussio", was „Untersuchung" oder „Prüfung" bedeutet.*

Der begeisterte Radfahrer Sebastian und sein Freund Jens diskutieren:

J: Mich nervt es total, dass ich jeden Tag eine halbe Stunde mit dem Bus zur Schule fahren muss. Ich bin froh, wenn ich endlich den Führerschein habe, denn mit dem Auto würde ich die Strecke in zehn Minuten schaffen. Leider muss ich noch zwei Jahre warten, bis ich endlich in die Fahrschule gehen kann.

S: Woher nimmst du denn das Geld für Führerschein und Auto?

J: Ich such mir demnächst einen Job, damit ich das bezahlen kann.

S: Da musst du aber viel arbeiten. Auto fahren ist ganz schön teuer, das könntest du dir jetzt sowieso noch nicht leisten.

J: Das stimmt. Aber meine Eltern würden mir sicher Geld dazugeben. Die wären froh, wenn sie mich abends nach dem Training nicht mehr abholen müssten. Leider fährt ja um 22 Uhr kein Bus mehr zurück.

S: Warum nimmst du nicht das Fahrrad?

J: Nach zwei Stunden Basketballtraining bin ich zu k.o., um noch den Berg am Markt hochzuradeln.

S: Du bist ganz schön bequem. Wahrscheinlich würdest du sogar mit dem Auto zum Briefkasten fahren.

J: Na, jetzt übertreib mal nicht. Gegen ein bisschen Fahrrad fahren habe ich nichts. Aber das ist für mich Hobby, keine effiziente Art der Fortbewegung. Überleg mal, wie viel Zeit ich durch das Autofahren einsparen könnte.

S: Vor allem, wenn du um 7.30 Uhr im Stau stehen würdest, weil es sowieso schon viel zu viele Autos gibt und die Straßen in der Innenstadt total verstopft sind. Wenn schon 16-Jährige Auto fahren dürften, käme ja noch viel mehr Verkehr hinzu. Von mir aus könnte man die Altersgrenze auf 21 Jahre hinaufsetzen.

 Untersuche die Aussagen von Jens und Sebastian.
⇨ **Welche Frage erörtern sie?**
⇨ **Welche Meinung vertritt Sebastian, welche Meinung Jens?**
⇨ **Wie viele Argumente nennt Sebastian, wie viele Jens?**
Ordne die Begründungen aus dem Gespräch in eine Tabelle ein und ergänze weitere Punkte.

Argumente von Sebastian	Argumente von Jens
- - -	- - -

 Erörtere nun mit Hilfe dieser Argumente die Frage:
„Sollten Jugendliche bereits mit 16 Jahren den Führerschein machen dürfen?"

Aufsätze konkret – *Tipps und Schreibanleitungen vom Unfallbericht bis zum Zeitungsartikel*

© Verlag an der Ruhr | Postfach 10 2251 | 45422 Mülheim an der Ruhr | **www.verlagruhr.de** | ISBN 978-3-8346-0457-6

Behauptung – Meinung – Argument

 Definiere die folgenden Begriffe:

Behauptung – Meinung – Argument

INFO

*Bei einer Erörterung kommt es darauf an, dass du **überzeugende Argumente** für deine Meinung findest. Ein häufiger Fehler ist, einfach nur Behauptungen (Thesen) aufzustellen, ohne sie zu begründen. Damit deine Behauptungen aber überzeugend wirken, solltest du sie durch Beispiele, Tatsachen oder Daten stützen.*

 Im folgenden Gespräch streiten Larissa und Ben darüber, ob die nächste Klassenfahrt nach Berlin oder ins Ruhrgebiet gehen sollte. Sie diskutieren auf unterschiedlichen Ebenen. Du findest begründete Argumente, Meinungsäußerungen und Behauptungen. Notiere hinter jeder Äußerung, ob es sich um eine Behauptung (B), eine Meinung (M) oder ein Argument (A) handelt.

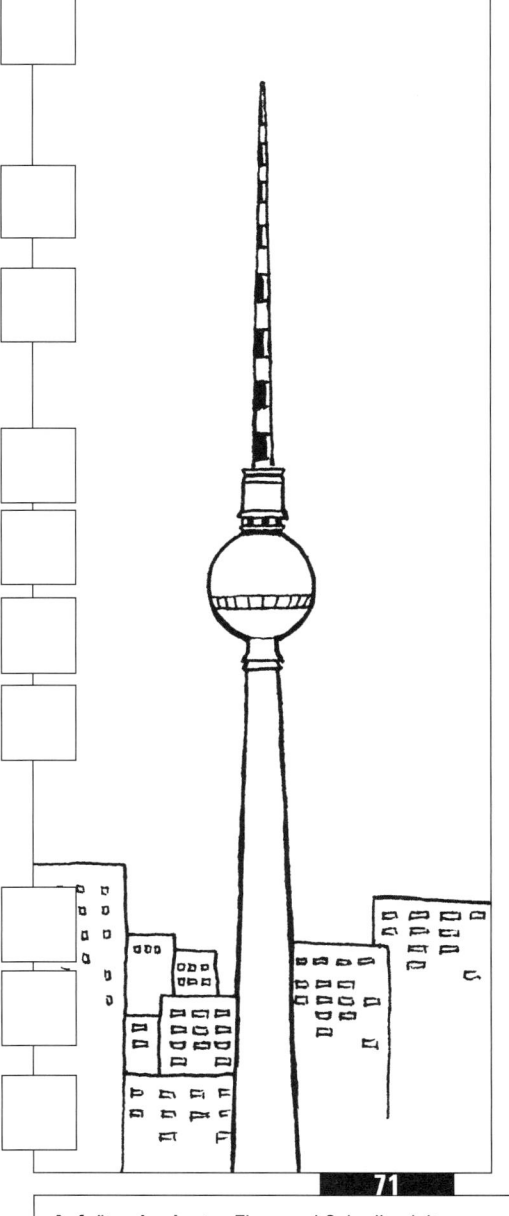

Larissa: „Ich finde den Vorschlag von Herrn Hoffmann, mal ein paar Tage ins Ruhrgebiet zu fahren, gut. Da war ich noch nie, und ich glaube, privat würde ich da auch nicht hinfahren. Da ist eine Klassenfahrt doch eine gute Gelegenheit."

Ben: „Was willst du denn da? Da ist ja nix los und außer Industrieschloten nicht viel zu sehen."

Larissa: „Das stimmt nicht. In dem Prospekt von Herrn Hoffmann stand, dass dort eine Menge angeboten wird. Wir könnten z.B. eine Radtour zu verschiedenen Industriedenkmälern machen, zum Fußball gehen, ein Konzert besuchen …"

Ben: „Das kann ich in Berlin auch."

Larissa: „Aber Berlin ist doch nichts Besonderes. Da war bestimmt jeder von uns schon."

Ben: „Ja und? Ist aber trotzdem cool."

Larissa: „Cool schon, aber ziemlich teuer. Allein die Zugfahrt würde schon das Doppelte kosten als z.B. nach Essen oder Dortmund. Außerdem ist Berlin immer so überlaufen. Überall Touristen, und wenn du die Reichstagskuppel besichtigen willst, stehst du stundenlang in der Schlange."

Ben: „Jetzt übertreibst du aber."

Larissa: „Eine Nachbarin von uns war neulich in Berlin und die hat erzählt, dass sie zwei Stunden gewartet hat."

Ben: „Man muss ja nicht das übliche Touriprogramm absolvieren. Vielleicht gibt es auch interessante Alternativen?"

71

© Verlag an der Ruhr | Postfach 10 22 51 | 45422 Mülheim an der Ruhr | www.verlagruhr.de | ISBN 978-3-8346-0457-6

Aufsätze konkret – *Tipps und Schreibanleitungen vom Unfallbericht bis zum Zeitungsartikel*

Abwägen von Argumenten

Wenn du eine Erörterung schreiben willst, brauchst du viele Informationen zu diesem Thema. Nur so kannst du dir eine gute Argumentation aufbauen und dir selbst eine Meinung bilden.

Gewalt-Computerspiele

Spätestens seit dem Amoklauf von Emsdetten im Jahr 2006 hat die Debatte um gewaltverherrlichende Computerspiele Hochkonjunktur. Die Wissenschaft entzweit sich an der Frage, wie gefährlich Ballerspiele für Kinder und Jugendliche wirklich sind.

Einige Fakten:

⇨ 71% der 12- bis 19-Jährigen spielt im Internet. Allerdings greifen Jungen in größerer Zahl auf elektronische Spiele zu und nutzen sie umfassender als Mädchen.

⇨ Am häufigsten werden Rollenspiele, Shooter und Strategiespiele gespielt.

⇨ 97% der 12- bis 19-jährigen Online-Spieler spielen Multiplayer-Onlinespiele, d.h. nur eine kleine Minderheit nutzt nicht die Möglichkeit, mit bzw. gegen andere zu spielen. Dabei zeigen sich deutliche Unterschiede beim Geschlecht: Während Mädchen häufiger allein gegen den Computer spielen, spielen Jungen vor allem gegen andere Menschen.

— *Informationen nach: Medienkonvergenz Monitoring Online-Spieler-Report 2008*

Aufsätze konkret – *Tipps und Schreibanleitungen vom Unfallbericht bis zum Zeitungsartikel*

 Lies die folgenden Texte und erörtere mit Hilfe der Informationen die Frage: „Sollen in Deutschland gewaltverherrlichende Computerspiele für Kinder und Jugendliche verboten werden?"

> „Die Ergebnisse unserer Studie an der Universität Tübingen über Gewalt-Computerspiele waren erschreckend. Schon Sechsjährige sehen sich Gewaltvideos an, mit zwölf beschäftigen sich einige mehr als fünf Stunden täglich mit Computerspielen. Dies bestätigt mich in meiner These: Kinder werden durch die Gewalt quasi konditioniert. Virtuelle Aggression bewirkt auch reale Aggression. Soll heißen: Wer als Kind schon von Hass, Macht und Gewalt geprägt wird, dem rutscht als Jugendlicher eher mal die Hand aus. Ein Verbot von gewalthaltigen Video- und Computerspielen macht daher aus meiner Sicht durchaus Sinn."
>
> — *Günter Huber, Professor für Pädagogische Psychologie an der Uni Tübingen. In: www.taz.de, 28.08.2008*

> Computerspiele gehören längst zur normalen Sozialisation der Kinder, sie sind zu Facetten des Alltags geworden. Eltern können meist mit Computerspielen nichts anfangen, sie stehen ratlos vor ihren Kindern. Die bildhafte Darstellung von Gewalt ist ja nichts Neues: Ich schicke meine Studenten ins Museum, damit sie sehen, wie blutrünstig schon die Darstellungen des Mittelalters waren. Von einem Verbot von gewalthaltigen Video- und Computerspielen halte ich daher nichts. Das erhöht nur den Reiz. Viel gefährlicher ist die Gewalt, die Kinder im Alltag erleben. Jede Nachrichtensendung zeigt reale Gewalt in der Welt, hinzu kommen die Erfahrungen, die die Kinder im Elternhaus, in der Schule oder im Freundeskreis machen.
>
> — *Winfred Kaminski, Professor vom Institut für Medienforschung an der FH Köln. In: www.taz.de, 28.08.2008*

© Verlag an der Ruhr | Postfach 10 22 51 | 45422 Mülheim an der Ruhr | www.verlagruhr.de | ISBN 978-3-8346-0457-6

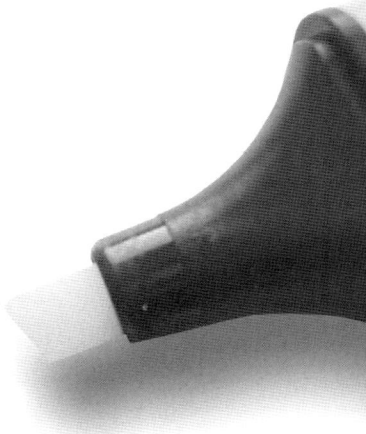

Nachricht

Merkmale von Nachrichten	74
Nachrichtenfaktoren	75
Textbeispiele mit W-Fragen	76
Aufbauprinzip von Nachrichten	77
Eine Nachricht verbessern	78
Eine Ballade umformen	79
Variation im Satzbau	80

Merkmale
von Nachrichten

*Viele Informationen, die wir im Alltag miteinander austauschen, sind **Nachrichten**. Wenn sich beispielsweise zwei Freunde lange nicht gesehen haben, ist die erste Frage oft: „Was gibt es denn bei dir Neues?"*
Der andere legt sofort los und erzählt von seiner neuen Freundin, dem geplanten Urlaub oder was sonst gerade aktuell ist. Natürlich beginnt er gleich mit dem wichtigsten Kern der Nachricht, zum Beispiel: „Ich bin seit zwei Wochen mit Elke zusammen."
Erst im weiteren Verlauf des Gesprächs rollt er die Hintergründe auf, etwa, wie es dazu kam und wie sich die Beziehung entwickelt hat.

Egal, ob im Radio, im Fernsehen oder in der Zeitung: Nachrichten beginnen immer mit dem Wichtigsten. Jede Nachricht konkurriert mit einer Vielzahl anderer Nachrichten um das Interesse des Lesers. Da die Zeit des Lesers begrenzt ist, müssen Nachrichten so geschrieben sein, dass der Leser den Informationskern schnell erfassen kann.

Deshalb ist eine Nachricht wie ein umgekehrtes Dreieck aufgebaut: Selbst wenn du ihre letzten Sätze abschneiden würdest, hättest du die wesentlichen Informationen bereits gelesen, denn schon die ersten Sätze beantworten die wichtigsten W-Fragen. Du erfährst, was wann und wo passiert ist und wer daran beteiligt war.

Damit die Fakten leicht verständlich sind, werden Nachrichten sachlich formuliert, bestehen aus knappen Sätzen und geben keine allzu detaillierten Hintergrundinformationen. Da Nachrichten den Leser objektiv informieren wollen, ist in ihnen kein Platz für Bewertungen und Kommentare.

Welche Ereignisse des Tagesgeschehens berichtenswert sind, hängt von vielen Faktoren ab, die den Nachrichtenwert, also die Bedeutung der Nachricht für den Leser, bestimmen.

Merkmale einer Nachricht

⇨ nennt Neuigkeiten, aktuelle/außergewöhnliche Tatsachen

⇨ ist für viele Menschen interessant und relevant

⇨ ist faktenorientiert

⇨ enthält keine Meinungen oder Wertungen

⇨ formaler Aufbau: auf dem Kopf stehendes Dreieck

⇨ das Wichtigste steht am Anfang

⇨ der Informationskern kann sofort erfasst werden

⇨ verschiedene W-Fragen werden in der Reihenfolge ihrer Wichtigkeit beantwortet

⇨ besteht aus prägnanten Formulierungen

⇨ weist knappen Satzbau auf

⇨ enthält nüchterne und sachliche Sprache

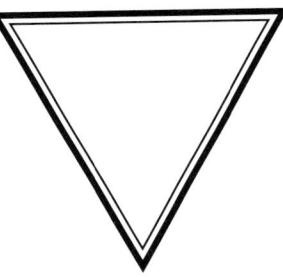

Aufsätze konkret – *Tipps und Schreibanleitungen vom Unfallbericht bis zum Zeitungsartikel*

© Verlag an der Ruhr | Postfach 10 2251 | 45422 Mülheim an der Ruhr | **www.verlagruhr.de** | ISBN 978-3-8346-0457-6

Nachrichtenfaktoren

Es gibt folgende Nachrichtenfaktoren:

▷ **Frequenz** (Ablauf des Ereignisses entspricht Erscheinungsrhythmus der Zeitung)

▷ **Intensität des öffentlichen Interesses für das Thema** (Wie interessant ist das Thema für den Leserkreis?)

▷ **Bedeutsamkeit** (Besteht kulturelle Nähe/Betroffenheit, Relevanz für den Leser?)

▷ **Interesse des Journalisten** (Übereinstimmung mit seiner Meinung)

▷ **Überraschung** (Unvorhersehbarkeit, Seltenheit des Ereignisses)

▷ **Kontinuität** (Medien beobachten den Verlauf des Ereignisses)

▷ **Bezug auf eine Elite-Nation** (wirtschaftlich oder militärisch mächtige Staaten wie z.B. die USA)

▷ **Prominenz** (in der Nachricht geht es um Stars und Sternchen)

▷ **Personalisierung** (Bezug des Ereignisses auf bestimmte Personen)

▷ **Negativismus** (Konflikt, Aggression, Zerstörung, Tod)

nach: Elisabeth Noelle-Neumann u.a. (Hrsg.): Fischer Lexikon Publizistik. Massenkommunikation, Frankfurt 2000, S. 331

 Schreibe eine Nonsens-Nachricht, in der möglichst viele der genannten Faktoren vereint sind. Das Wichtigste sollte dabei am Anfang stehen.

 Bildet Kleingruppen und stellt euch vor, ihr arbeitet in der Lokalredaktion der Tageszeitung in Y-Stadt. Ihr bekommt zehn Presseinformationen, von denen ihr aus Platzgründen aber nur fünf veröffentlichen könnt. Entscheidet euch, welche der Nachrichten ihr publizieren würdet, und diskutiert eure Auswahl in der Klasse.

Besuch des Bundeskanzlers in Y-Stadt ☐

100-€-Spende für den Kindergarten ☐

Unfall mit Blechschaden ☐

Bankraub in Y-Stadt: 1 Million € erbeutet ☐

Museum heute geschlossen ☐

ZDF dreht Film in Y-Stadt ☐

Baupläne für neues Rathaus ☐

Hitzefrei in 20 Schulen ☐

500 000-€-Förderung für Stadttheater ☐

Straßensperrung wegen Bauarbeiten ☐

INFO

Natürlich passiert täglich viel mehr auf der Welt, als in eine Nachrichtensendung oder in die Ausgabe einer Zeitung hineinpasst.
Jede Redaktion wählt deshalb aus der Menge der Agenturmeldungen und sonstigen eingehenden Informationen aus, welche Nachrichten veröffentlicht werden. ***Entscheidend dafür sind die so genannten Nachrichtenfaktoren.***
Je mehr von diesen Faktoren auf eine Meldung zutreffen, desto höher ist die Wahrscheinlichkeit, dass sie veröffentlicht wird.

75

© Verlag an der Ruhr | Postfach 10 22 51 | 45422 Mülheim an der Ruhr | www.verlagruhr.de | ISBN 978-3-8346-0457-6

Aufsätze konkret – *Tipps und Schreibanleitungen vom Unfallbericht bis zum Zeitungsartikel*

Textbeispiele
mit W-Fragen

INFO

Eine Nachricht ist ein kurzer, knapper und aktueller Text. Er ist faktenorientiert und informativ. Da die Hauptinformation stets am Anfang einer Nachricht steht, geben die ersten Sätze Antwort auf die wichtigsten W-Fragen.

 Notiere bei den unten stehenden Nachrichten, welche W-Fragen an welcher Stelle im Text beantwortet werden.

Fit dank Gemüse

Dortmund. „Fit durch mehr Gemüse" lautet der Titel eines Vortrags, zu dem der Verein „Vital Food" am Montag, 7. Juli, in die Gaststätte „Zur Sonne", Sonnenstraße 3, einlädt. Ab 20 Uhr informiert dort der Ernährungswissenschaftler Bernd Kunze über eine gesundheitsfördernde Zusammenstellung des Speiseplans. Außerdem gibt er Tipps dazu, wie sich Esssünden künftig vermeiden lassen.

⇐ **Wie** heißt der Vortrag?
   Wer lädt ein?
⇐ **Wann** ist der Vortrag?
   Wo ist der Vortrag?
⇐ Um **wie viel** Uhr beginnt der Vortrag?
   Wer referiert?
⇐ **Worüber** wird gesprochen?

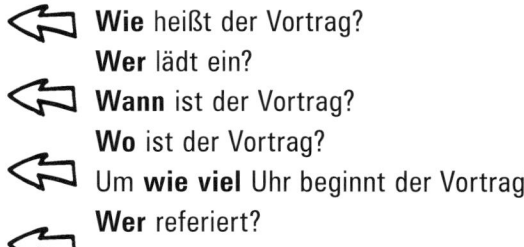

Bombenalarm im Dresdner Bahnhof

Dresden. Nur vier Wochen nach dem Fund eines Sprengsatzes wurde am Dresdner Hauptbahnhof gestern erneut Bombenalarm ausgelöst. Reisende hatten der Polizei zwei herrenlose Koffer gemeldet, die an einem Bahngleis standen. Spezialisten des Bundesgrenzschutzes (BGS) zerstörten die Koffer. Der Bahnhof wurde für zwei Stunden abgesperrt.

⇐ _____

⇐ _____

⇐ _____

⇐ _____

Diebisches Pärchen von Polizei gefasst

Alicante. Die spanische Polizei hat ein deutsches Paar festgenommen, das mehr als 100 Einbrüche begangen hat. Die beiden Deutschen wurden gestern bei einem Einbruch in ein Appartementhaus in Alicante gefasst. Die Festgenommenen sollen auch in Deutschland in Privathäuser und Geschäftsräume eingestiegen sein.

⇐ _____

⇐ _____

⇐ _____

⇐ _____

76

Aufsätze konkret – *Tipps und Schreibanleitungen vom Unfallbericht bis zum Zeitungsartikel*

© Verlag an der Ruhr | Postfach 102251 | 45422 Mülheim an der Ruhr | **www.verlagruhr.de** | ISBN 978-3-8346-0457-6

Aufbauprinzip
von Nachrichten

Die folgende Nachricht entspricht nicht dem Aufbauprinzip von Nachrichten, denn es wird chronologisch berichtet, wie es zum Diebstahl der Schildkröten kam.

 Formuliere die Nachricht so um, dass stattdessen gleich am Anfang die wichtigsten W-Fragen beantwortet werden. Als kleine Hilfe sind die Informationen, die in deinem Text vorkommen sollten, unterstrichen.

Schildkröten gestohlen

Essen. In der Tierhandlung am Essener Platz lebten vier <u>wertvolle griechische Landschildkröten</u>. Die zwei bis vier Jahre alten Tiere wurden am <u>vergangenen Freitag</u> <u>zwischen 18 und 23 Uhr aus dem Geschäft entwendet</u>. Der <u>Wert der Schildkröten</u> beträgt rund <u>900 Euro</u>. Der 40-jährige Geschäftsinhaber bemerkte den Diebstahl am Freitagabend, weil er gegen 23 Uhr zu seinem Geschäft kam. Er wollte einen Schlüssel, den er versehentlich dort liegen gelassen hatte, holen. Er alarmierte sofort die <u>Polizei</u>, die nun nach dem <u>unbekannten Dieb</u> <u>fahndet</u>. <u>Zeugen</u> werden <u>gesucht</u>. Wer zu dieser Zeit etwas beobachtet hat, möge sich bitte mit der zuständigen <u>Polizeidirektion</u> unter <u>Tel. 02 01–55 555555</u> in Verbindung setzen.

 Schreibe die unten stehenden Texte ebenfalls so um, dass sie dem formalen Aufbau von Nachrichten entsprechen. Unterstreiche zunächst die Informationen, die in deiner Nachricht auf jeden Fall vorkommen sollen.
Tipp: **In der Kürze liegt die Würze, verzichte also auf Überflüssiges und formuliere knappe Sätze.**

Polizei knackt Handschellen

Dortmund. Ein 13-jähriger Junge hat sich beim Spielen mit Handschellen in seinem Zimmer selbst gefesselt. Er hatte die Handschellen auf dem Flohmarkt günstig erstanden und zu Hause sofort ausprobiert. Allerdings fand er den Schlüssel nicht mehr und war deshalb auf die Hilfe der Polizei angewiesen, um sich zu befreien. Die Beamten betätigten sich mit einem Kleiderbügel als Schlossknacker.

Lachsbestand im Rhein unsicher

Düsseldorf. Aufgrund der wachsenden Umweltverschmutzung gab es lange Zeit keine Lachse in unseren Gewässern. Nach Angaben des Düsseldorfer Umweltministeriums leben im Rhein zur Zeit mehr als 800 Lachse. Allerdings ist der Lachs auch 13 Jahre nach dem Beginn seiner dortigen Wiederansiedlung im Rhein noch nicht heimisch. Die Fortpflanzung des Bestandes bleibt hinter den Erwartungen der Umweltbehörde zurück.

© Verlag an der Ruhr | Postfach 10 2251 | 45422 Mülheim an der Ruhr | **www.verlagruhr.de** | ISBN 978-3-8346-0457-6

Aufsätze konkret – *Tipps und Schreibanleitungen vom Unfallbericht bis zum Zeitungsartikel*

Eine Nachricht verbessern

Die folgende Nachricht ist nicht ganz gelungen. Überlege zunächst, welche sprachlichen Schwachstellen der Text aufweist und wie du sie umformulieren kannst. Markiere dann die wichtigsten Textstellen und schreibe aus diesen Informationen eine Nachricht, die nach dem Prinzip des auf dem Kopf stehenden Dreiecks aufgebaut ist.

Dortmund. An der Dortmunder Lindenallee müssen leider aufgrund von Schädlingsbefall in der kommenden Woche verschiedene Bäume gefällt werden. Es handelt sich hier um drei achtzigjährige hochgewachsene Linden sowie zwei rund fünfzigjährige Buchen. Wegen der Fällung der Bäume durch Mitarbeiter des Grünflächenamtes wird die Lindenallee am kommenden Montag zwischen 8 und 10 Uhr in beiden Richtungen gesperrt. Somit können dort keine Autos mehr fahren. Der Busverkehr wird hier in diesem Zeitraum leider über die Pappelallee und die Kastanienallee umgeleitet. Dadurch kann es allerdings unglücklicherweise zu lästigen Verzögerungen von 10 Minuten kommen.

Checkliste für das Umformulieren

 Das Wichtigste steht am Anfang des Textes. Sicherlich ist es wichtiger, dass durch die Baumfällaktion eine Straße gesperrt wird, als gleich am Anfang des Textes zu erwähnen, warum die Bäume abgeholzt werden.

 Vermeide Passivformulierungen und **schreibe lieber aktiv**, z.B.: *„In dieser Zeit fahren die Busse durch die Pappel- und die Kastanienallee."*

 Verzichte auf Füllwörter *(„hier")* und **umständliche Formulierungen**, z.B. statt *„Zeitraum"* lieber *„Zeit"* schreiben.

 Bevorzuge Verben statt Nominalisierungen, z.B. statt *„Wegen der Fällung von fünf Bäumen"* schreibe lieber: *„Da fünf Bäume gefällt werden sollen".*

 Nachrichten sollten keine Wertungen (wie beispielsweise *„leider"*, *„bedauerlicherweise"*) **enthalten**, denn sie wollen den Leser objektiv informieren.

 Kürze den Text, indem du auf unwichtige Informationen und Doppelungen verzichtest.

Aufsätze konkret – *Tipps und Schreibanleitungen vom Unfallbericht bis zum Zeitungsartikel*

© Verlag an der Ruhr | Postfach 10 22 51 | 45422 Mülheim an der Ruhr | www.verlagruhr.de | ISBN 978-3-8346-0457-6

Eine Ballade umformen

 Lies zunächst die Ballade und finde ihre Kerninformationen heraus. Verarbeite diese dann zu einer maximal 20-zeiligen Nachricht. Achte dabei auf die formalen Kriterien einer Nachricht: Das Wichtigste steht am Anfang, nacheinander werden in sachlich-knapper Sprache verschiedene W-Fragen beantwortet.

Erich Kästner – Ballade vom Nachahmungstrieb (1932)

Es ist schon wahr: Nichts wirkt so rasch wie Gift!
Der Mensch, und sei er noch so minderjährig,
ist, was die Laster dieser Welt betrifft,
früh bei der Hand und unerhört gelehrig.

Im Februar, ich weiß nicht am wievielten,
geschah's auf irgendeines Jungen Drängen,
dass Kinder, die im Hinterhofe spielten,
beschlossen, Naumanns Fritzchen aufzuhängen.

Sie kannten aus der Zeitung die Geschichten,
in denen Mord vorkommt und Polizei.
Und sie beschlossen, Naumann hinzurichten,
weil er, so sagten sie, ein Räuber sei.

Sie steckten seinen Kopf in eine Schlinge.
Karl war der Pastor, lamentierte viel.
Und sagte ihm, wenn er zu schrein anfinge,
verdürbe er den anderen das Spiel.

Fritz Naumann äußerte, ihm sei nicht bange.
Die anderen waren ernst und führten ihn.
Man warf den Strick über die Teppichstange.
Und dann begann man, Fritzchen hochzuziehn.

Er sträubte sich. Es war zu spät. Er schwebte.
Dann klemmten sie den Strick am Haken ein.
Fritz zuckte, weil er noch ein bisschen lebte.
Ein kleines Mädchen zwickte ihn ins Bein.

Er zappelte ganz stumm, und etwas später
verkehrte sich das Kinderspiel in Mord.
Als das die sieben Übeltäter
erkannten, liefen sie erschrocken fort.

Noch wusste niemand von dem armen Kinde.
Der Hof lag still. Der Himmel war blutrot.
Der kleine Naumann schaukelte im Winde.
Er merkte nichts davon, denn er war tot.

Frau Witwe Zickler, die vorüberschlurfte,
lief auf die Straße und erhob Geschrei,
obwohl sie doch dort gar nicht schreien durfte.
Und gegen sechs erschien die Polizei.

Die Mutter fiel in Ohnmacht vor dem Knaben.
Und beide wurden rasch ins Haus gebracht.
Karl, den man festnahm, sagte kalt: „Wir haben
es nur wie die Erwachsenen gemacht."

— In: Kästner, Erich: Gesang zwischen den Stühlen, München 1999, S. 70–72

© Verlag an der Ruhr | Postfach 10 22 51 | 45422 Mülheim an der Ruhr | www.verlagruhr.de | ISBN 978-3-8346-0457-6

Aufsätze konkret – *Tipps und Schreibanleitungen vom Unfallbericht bis zum Zeitungsartikel*

Variation im Satzbau

INFO

*Eine knappe Nachricht gewinnt durch einen **abwechslungsreichen Satzbau** an Qualität und Lesefreundlichkeit. Die deutsche Sprache hält dazu verschiedene Möglichkeiten bereit. Satzglieder können innerhalb eines Satzes unterschiedlich angeordnet werden und je nachdem, welche Information am Anfang steht, vermittelt so ein Satz unterschiedliche Botschaften.*

Mit Hilfe der Satzstellung kannst du deshalb auch deine Informationen unterschiedlich gewichten.

Ein Beispiel:

Seit der Betriebsversammlung am Samstag bangen bei Mayer mehr als 1000 Arbeiter um ihren Job.  Hervorhebung des **Zeitpunkts**

Mehr als 1000 Arbeiter bangen bei Mayer seit der Betriebsversammlung am Samstag um ihren Job. 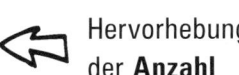 Hervorhebung der **Anzahl**

Um ihren Job bangen bei Mayer seit der Betriebsversammlung am Samstag mehr als 1000 Arbeiter.  Hervorhebung des **Problems**

Bei Mayer bangen seit der Betriebsversammlung am Samstag mehr als 1000 Arbeiter um ihren Job.  Hervorhebung des **Orts**

 Formuliere die unten stehenden Sätze so um, dass der jeweils in Klammern genannte Aspekt im Vordergrund steht:

☑ In dieser Schule lernen Kinder aus zehn verschiedenen Nationen miteinander.
(Herkunft der Kinder)

☑ Ein völlig neues Gesicht hat die Hochhaussiedlung an der Bachstraße dank umfangreicher Renovierung bekommen.
(Renovierung)

☑ Die Regierung stellte 50 000 Euro zur Verfügung, um das Gebäude fertig zu stellen.
(Geld)

☑ In Berlin demonstrierten 10 000 Gewerkschafter gegen die Politik der Bundesregierung.
(Anzahl der Demonstranten)

☑ Zu einem schweren Unfall kam es am vergangenen Mittwoch am Autobahnkreuz Dortmund-Witten.
(Ort)

☑ Der Streit zwischen den beiden Nachbarn tobt bereits seit fünf Jahren ununterbrochen.
(Zeit)

☑ Wie eine britische Untersuchung ergab, ist Reiseplanung Frauensache.
(Tätigkeit)

☑ Opfer eines Raubüberfalls wurde ein 30-jähriger Bochumer am vergangenen Freitag an der Chemnitzer Straße.
(Alter des Opfers)

Aufsätze konkret – *Tipps und Schreibanleitungen vom Unfallbericht bis zum Zeitungsartikel*

© Verlag an der Ruhr | Postfach 10 22 51 | 45422 Mülheim an der Ruhr | **www.verlagruhr.de** | ISBN 978-3-8346-0457-6

Zeitungsbericht

Merkmale von Zeitungsberichten   82

Textbeispiel   83

Checkliste für einen Zeitungsbericht   84

Text gliedern   85

Einstiegssätze   86

Bericht für eine Boulevardzeitung   87

Übung zur indirekten Rede   88

Zeitungsbericht

Merkmale von Zeitungsberichten

Wenn nach den großen Ferien die Schule wieder beginnt, möchte jeder wissen, wie die anderen Mitschüler ihren Urlaub verbracht haben. Wer von seinem Urlaub erzählt, wählt in der Regel eine besondere Begebenheit aus, von der er glaubt, dass sie für die Mitschüler interessant sein könnte, also beispielsweise einen ungewöhnlichen Ausflug oder eine aufregende Reise.

*Damit dein Gesprächspartner deine Schilderung versteht, gibst du ein paar Hintergrundinfos, zum Beispiel, **wo** du den Urlaub verbracht hast und mit **wem** du unterwegs warst. Bei einem solchen Bericht achtest du also darauf, bestimmte **W-Fragen** zu beantworten.*

Berichte in der Zeitung beginnen wie Nachrichten mit den wichtigsten Aspekten eines Themas. Sie beantworten allerdings nicht gleich alle W-Fragen in den ersten Sätzen, sondern im ersten Abschnitt. Informationen werden – ebenso wie in einer Nachricht – nicht chronologisch vermittelt, sondern das Resultat eines Geschehens steht im Vordergrund. Im Laufe des Berichts wird der Weg dorthin nachvollzogen und dem Leser veranschaulicht.

Da Berichte viel länger als Nachrichten sind, thematisieren sie auch Hintergründe und lassen Betroffene in Form von Zitaten zu Wort kommen. Keinen Platz haben persönliche Beobachtungen, Bewertungen und Meinungen der Journalisten, denn der Bericht gehört wie die Nachricht zu den **faktenorientierten Textsorten**.

Um das Interesse des Lesers an einem Bericht zu wecken, kommt es auf einen lebendigen Einstieg an. Häufig beginnt der Bericht mit einem Vorspann, der bereits kurz einen Überblick über die wichtigsten Aspekte des Textes gibt.

Die Sprache des Berichts ist sachlich, der Satzbau knapp und präzise. Raffinierte Wortspiele, Sprichwörter und metaphorische Ausdrücke finden sich eher in Kommentar und Reportage als im Bericht.

Merkmale des Berichts

⇨ ein lebendiger Einstieg, der neugierig auf den Text macht

⇨ das Wichtigste steht im ersten Abschnitt, danach werden weitere W-Fragen beantwortet

⇨ ausführliche, faktenorientierte Darstellung von Ereignissen

⇨ enthält Hinweise auf Hintergründe und Zusammenhänge

⇨ Personen werden genannt und zitiert

⇨ es wird anschaulich berichtet

⇨ enthält eine sachliche Sprache

⇨ verzichtet auf Wortspiele und Metaphern

⇨ weist knappen Satzbau auf

⇨ enthält keine Wertungen oder persönlichen Eindrücke

Aufsätze konkret *– Tipps und Schreibanleitungen vom Unfallbericht bis zum Zeitungsartikel* © Verlag an der Ruhr | Postfach 10 2251 | 45422 Mülheim an der Ruhr | **www.verlagruhr.de** | ISBN 978-3-8346-0457-6

Textbeispiel

Zeitungsbericht

 Lies den Text über den Römermarsch und ergänze die Checkliste auf der nächsten Seite.

Zu Fuß in eine andere Zeit

40 Kilo Marschgepäck: Wie 16 Hobby-Römer die Strapazen der Legionäre erleben wollen

Bergkamen – „Wir wissen nicht, was uns erwartet. Nicht, wann wir wo sein werden, wie schnell wir vorankommen", sagt Alexander Schneider. Er ist der Gründer der Römerkohorte Niederrhein, die sich gestern mit 16 Mann auf eine außergewöhnliche Wanderschaft begeben hat. Mit Originalausrüstung auf dem Rücken und in authentischer Kleidung wollen sie in acht Etappen von Bergkamen bis nach Xanten laufen. Nach etwa 100 Kilometern entlang der Lippe auf einer alten Römerroute wollen sie dort am 1. August ankommen.

„Römermarsch 2008" heißt das ehrgeizige Projekt, bei dem die Marschleistung der römischen Armee nachvollzogen werden soll. Experimentelle Archäologie nennt man das. Menschen erforschen die Vergangenheit, indem sie diese nachbilden und nachempfinden. Die Teilnehmer des Römermarschs simulieren den Marsch einer römischen Teileinheit vom Lager in Bergkamen-Oberaden nach Xanten Vetera I. Allerdings nicht um jeden Preis. „Ich möchte, dass alle meine Kollegen an jedem Etappenziel im Lager ankommen. Wenn einer nicht mehr kann, soll er das sagen und in den Begleitwagen steigen", sagt Schneider, der als Zenturio die Verantwortung trägt.

Eine Sanitäterin begleitet den Tross. Kein Handy, kein MP3-Player, kein Bett. Willi Smitmans genießt diese Abwesenheit von Telefon und Strom jedes Mal, wenn er mit der Gruppe zusammen ist. Die Ausrüstung ist größtenteils selbstgemacht. Wie die Ledersandalen. „Es ist einfach schön, zu erleben, dass man mit seinen eigenen Händen etwas herstellen kann", sagt er. Der Außendienstler einer Krankenversicherung begleitet die Legionäre als Bäcker aus der Nero-Zeit. Plötzlich hallt die Stimme des Zenturios über den Hof des Museums: „Milites ad arma!" – Soldaten zu den Waffen. Die beiden Maultiere, die einen Teil der Ausrüstung tragen, werden bepackt. Die Legionäre legen ihre Rüstung an und schultern das Marschgepäck. Bis zu 40 Kilogramm werden sie in den kommenden neun Tagen mit sich herumschleppen.

Der erste Schweiß tritt den Legionären auf die Stirn. Das Experiment beginnt.

— *Jürgen Bröker, 26.07.2008, Welt online*

© Verlag an der Ruhr | Postfach 102251 | 45422 Mülheim an der Ruhr | www.verlagruhr.de | ISBN 978-3-8346-0457-6

Aufsätze konkret – *Tipps und Schreibanleitungen vom Unfallbericht bis zum Zeitungsartikel*

Checkliste für einen Zeitungsbericht

 Gib an, welche für einen Bericht typischen Merkmale
der Text „*Zu Fuß in eine andere Zeit*" aufweist.
Finde gegebenenfalls Beispiele aus dem Text.

Checkliste zum Text „Zu Fuß in eine andere Zeit"

- [ ] **Die wichtigsten Informationen stehen am Anfang des Textes.**
- [ ] **Die wichtigsten Informationen sind gleichmäßig im Text verteilt.**
- [ ] **Der Bericht gibt Antwort auf verschiedene W-Fragen.**
  Welche W-Fragen werden bereits im ersten Abschnitt beantwortet?

  W _____ .

  W _____ .

  W _____ .

  W _____ .

- [ ] **Die Sprache des Berichts ist sachlich und präzise.**
- [ ] **Der Journalist gibt seine eigene Meinung zum Römermarsch an.**
- [ ] **Im Bericht finden sich viele Wortspiele und Metaphern.**
  Beispiele:

  _____

  _____

  _____

- [ ] **Im Bericht schildert der Journalist seine persönlichen Eindrücke.**
- [ ] **Ein Bericht wird durch Zitate aufgelockert.** *Beispiele für Zitate:*

  _____

  _____

  _____

Woraus besteht der Einstieg in diesem Bericht?

- [ ] *Beschreibung einer Szene*
- [ ] *Wortspiel*
- [ ] *rhetorische Frage*
- [ ] *Reim oder Gedicht*
- [ ] *Zitat*

Aufsätze konkret – *Tipps und Schreibanleitungen
vom Unfallbericht bis zum Zeitungsartikel*   © Verlag an der Ruhr | Postfach 10 22 51 | 45422 Mülheim an der Ruhr | **www.verlagruhr.de** | ISBN 978-3-8346-0457-6

Text gliedern

Tipps

1 In jedem Abschnitt präsentierst du einen neuen Gedanken. Nach jedem weiteren Aspekt deines Themas solltest du einen Absatz machen.

2 Prüfe, ob alle Informationen zu einem bestimmten Themenbereich aufeinanderfolgen. Wenn sie auf mehrere Stellen im Text verteilt sind, kann das auf logische Brüche hindeuten.

3 Sorge für eine flüssige Verknüpfung der aufeinanderfolgenden Absätze, indem du einen Bezug zwischen ihnen herstellst.

4 Dazu hast du verschiedene Möglichkeiten:
- Gebrauche Pronomina wie „dieses" oder „solches".
- Benutze Verbindungsfloskeln wie „darüber hinaus", „hinzu kommt", „im Gegensatz dazu", „allerdings", „während also".
- Formuliere eine rhetorische Frage, die du im nächsten Absatz beantwortest.

5 Überprüfe die Satzstellung in aufeinanderfolgenden Sätzen zweier Abschnitte. Manchmal kannst du durch ein geschicktes Umstellen der Wörter für einen nahtlosen Übergang zwischen den Abschnitten sorgen.

6 Vermeide, dass aufeinanderfolgende Sätze mit demselben Wort beginnen.

Ein Text ohne Abschnitte wirkt sehr unübersichtlich. Markiere im unten stehenden Text, wo ein neuer Aspekt angesprochen wird – und somit auch ein neuer Abschnitt beginnen sollte. Untersuche, wie die Gedanken verknüpft sind.

Wespen

Im August sind sie arbeitslos und stürzen sich wieder auf die Pflaumenkuchen.

Ab jetzt geht es ihnen nur noch ums Vergnügen! Der August ist schließlich Ferienzeit, auch für Wespen. Den ganzen Sommer lang suchen sie die eiweißreiche Kost für die Nachkommen ihrer Königin, landen deswegen schon mal auf den Grillsteaks der Menschen und vernichten tonnenweise Mücken, Raupen und Larven. Nun sind die Jungen groß und die Arbeiterinnen nutzlos. Massenentlassung im Wespennest. Alle fliegen raus! Bis zu ihrem Ende im Herbst bleiben ihnen noch ein paar Wochen, und die versüßen sie sich. Machen sich eine schöne Zeit in Straßencafés oder Eisdielen. Jetzt steht ihnen der Sinn nach Baumharz, Fallobst oder noch besser: Pflaumenkuchen – Sturzflüge auf deutsche Kaffeetafeln. Nur zwei von allen bei uns heimischen Arten werden dem Menschen lästig, die „Deutsche" und die „Gemeine" Wespe. In diesem Jahr drohen sie zu einer Landplage zu werden: Der milde Winter ließ die meisten Königinnen in ihren Schlupfwinkeln überleben. Etwa drei Prozent der Deutschen reagieren auf Stiche allergisch. Für alle anderen sind sie zwar schmerzhaft, aber nur ab sechs bis zehn Stichen pro Kilo Körpergewicht lebensgefährlich. Ein Angriff der beim Menschen ungleich beliebteren Honigbiene enthält ein Vielfaches mehr an Gift.

— Focus Nr. 33 (11.8.2003)

© Verlag an der Ruhr | Postfach 102251 | 45422 Mülheim an der Ruhr | www.verlagruhr.de | ISBN 978-3-8346-0457-6

Aufsätze konkret – *Tipps und Schreibanleitungen vom Unfallbericht bis zum Zeitungsartikel*

Einstiegssätze

INFO

Der erste Satz eines Textes ist besonders wichtig, weil er in ein Thema einführt und den Leser auf den Text einstimmt. Neben der Überschrift entscheidet der Einstiegssatz mit darüber, ob sich der Leser für den Inhalt interessiert und weiterliest.

In der folgenden Auflistung findest du Anfangssätze von verschiedenen Berichten in der Süddeutschen Zeitung. Sie zeigen dir, welche unterschiedlichen Möglichkeiten es gibt, in einen Text einzusteigen.

 Wie wirken diese Sätze auf dich? Welche Einstiege gefallen dir, welche weniger? Begründe dein Urteil. Suche dann in einer Tageszeitung deiner Wahl nach weiteren gelungenen und weniger gelungenen Anfangssätzen.

➪ „Im Laufe meiner Karriere wurde mir am meisten vorgeworfen, dass ich Ausländer bin und amerikanische Werte nicht vertreten könnte", sagte Peter Arnett vor zwei Jahren, als er in Washington für seine Verdienste als Kriegsreporter geehrt wurde.

➪ Auf dem Frühjahrstreffen des internationalen Verbandes für Unternehmensimmobilien, Core-Net Global, stellten die Großgrundbesitzer der Rhein-Ruhr-Region ihre Immobilienstrategien am Beispiel erfolgreicher Recyclingprogramme vor.

➪ Mehr oder minder muntere literarische Flaschengeister gibt's wie Dosen im SB-Regal an der nächsten Tanke.

➪ Bei einem Patienten im nordrhein-westfälischen Hemer hat sich der Verdacht auf die lebensgefährliche Lungenkrankheit SARS bestätigt.

➪ Erdgas, Methanol, Ethanol, Biodiesel und Wasserstoff sind nur einige Beispiele – momentan werden sehr vielfältige Kraftstoffe diskutiert.

➪ Bundespräsident Johannes Rau hat sich in der Irak-Diskussion die Bush-kritischen Positionen hochrangiger Vertreter beider Großkirchen in Deutschland zu eigen gemacht.

➪ Massendemonstrationen, Arbeitsniederlegungen, Straßenschlachten – der Protest gegen die Beteiligung Spaniens am Irak-Krieg führt auf der iberischen Halbinsel zu immer tumultartigeren Zuständen.

➪ Zu sehen ist der dicke Sänger Oli P., er gräbt sich mit den Händen unter einem Balken durch, schluckt Dreck und schwitzt.

➪ Die schwierige Lage des deutschen Lebensmitteleinzelhandels geht auch am Tiefkühlkosthersteller Frosta nicht spurlos vorbei.

➪ **Für den Schauspieler Ralf Wolter (76) war es wohl der bitterste Auftritt seines Lebens**

— *alle Beispiele aus der Süddeutschen Zeitung vom 2.4.2003*

Aufsätze konkret – *Tipps und Schreibanleitungen vom Unfallbericht bis zum Zeitungsartikel* © Verlag an der Ruhr | Postfach 10 2251 | 45422 Mülheim an der Ruhr | **www.verlagruhr.de** | ISBN 978-3-8346-0457-6

Bericht für eine Boulevardzeitung

Zeitungs-bericht

INFO

Zeitungen und Zeitschriften unterscheiden sich je nach ihrer Zielgruppe stark darin, wie sie Themen aufbereiten, welche inhaltlichen Aspekte im Vordergrund stehen und welche sprachliche Form sie wählen. Einige sind um eine sehr sachliche und neutrale Berichterstattung bemüht, andere versuchen wiederum den Leser mehr oder weniger direkt zu beeinflussen und setzen dabei häufig auf reißerische Sprache und spektakuläre Aufmacher.

 Besorgt euch Ausgaben von Boulevardzeitungen wie *Bild* oder *Express* sowie eurer Lokalzeitung und vergleicht die Berichterstattung zu bestimmten Themen in diesen beiden Zeitungsarten.

 Benutzt die folgenden Informationsbausteine (Merkmale + Textbausteine) und schreibt daraus einen Bericht für eine lokale Tageszeitung sowie für eine Boulevardzeitung. Vergleicht anschließend in Kleingruppen eure Texte.

Textbausteine für einen Bericht:

arbeitsloser Bankräuber erbeutete 102 235 €

Azubi Sabine: „Ich hatte heute meinen ersten Arbeitstag in dieser Geschäftsstelle. Der Überfall hat mich total geschockt."

bedrohte Angestellte und Kunden mit einer Pistole

Polizeipräsident: „Jeder dritte Bankraub in Frankfurt wird innerhalb eines Jahres aufgeklärt."

drei Kunden, vier Bankangestellte anwesend

Flucht in einem blauen Peugeot

maskierter Täter

Bankfiliale am Parkring

Merkmale einer Boulevardzeitung

⇨ insgesamt reißerische Aufmachung

⇨ große, auffallende Überschriften

⇨ viele Fotos

⇨ Appell an Gefühle der Leser (z.B. Angst, Wut, Freude, Entrüstung, Mitleid)

⇨ Übertreibungen

⇨ wenig sachliche Hintergrundinformationen

⇨ hauptsächlich kurze Sätze

⇨ plakative und bildreiche Sprache

⇨ häufig umgangsprachliche Wendungen/Begriffe

Aufsätze konkret – *Tipps und Schreibanleitungen vom Unfallbericht bis zum Zeitungsartikel*

© Verlag an der Ruhr | Postfach 102251 | 45422 Mülheim an der Ruhr | www.verlagruhr.de | ISBN 978-3-8346-0457-6

Zeitungsbericht

Übung zur indirekten Rede

INFO

Indirekte Rede

Bei der indirekten Rede baust du die Aussagen einer anderen Person in deinen eigenen Text ein. Dabei machst du deutlich, dass die Äußerungen nicht von dir selbst stammen. Die Wiedergabe der Äußerung erfolgt dann

♦ entweder in einem **dass-Satz**:
Die Politikerin sagte, dass der Zeitungsbericht übertrieben hat.

♦ oder in einem **uneingeleiteten Nebensatz im Konjunktiv**:
Die Politikerin sagte, der Zeitungsbericht habe übertrieben.

Wenn du in einem Text die Äußerungen einer anderen Person wiedergeben möchtest, kannst du die wörtliche Rede verwenden, oder du gibst die Aussagen in der indirekten Rede wieder.

Formen des Konjunktivs

Um Aussagen in der Gegenwartsform der indirekten Rede wiederzugeben, benutzt du den **Konjunktiv I**. Der Konjunktiv I ist abgeleitet vom Infinitiv des Verbs. Wenn der Konjunktiv I im Textzusammenhang nicht vom Indikativ Präsens zu unterscheiden ist, wählst du als Ersatz den **Konjunktiv II**. Wenn der Konjunktiv II der Imperfektform entspricht, wählst du die Ersatzform **würde + Infinitiv**. Die Konjunktiv I-Formen erhältst du bei regelmäßigen Verben, indem du an den Verbstamm Präsens (mit Ausnahme von sein) die Endungen vom Konjunktiv II anhängst (-e, -est, -e, -en, -et, -et). Wie das geht, zeigt die Tabelle:

	Präsens Indikativ	Konjunktiv I	Konjunktiv II
ich	komme	(komme)	käme
du	kommst	kommest	
er/sie/es	kommt	komme	
wir	kommen	(kommen)	kämen
ihr	kommt	kommet	
sie	kommen	(kommen)	kämen

 Formuliere die Sätze in die indirekte Rede um.

Martin: „Jobben in den Ferien ist eine gute Möglichkeit, Erfahrungen in einem Berufsfeld zu sammeln. Das erleichtert die spätere Berufswahl."

_____

Corinna: „Die angebotenen Jobs sind oft Aushilfsjobs und bieten keine Hilfe für die spätere Berufswahl."

_____

Lara: „Ferienjobs sind oft so schlecht bezahlt, dass sich das Arbeiten letztlich überhaupt nicht lohnt."

_____

Christian: „Jugendliche zeigen mehr Einsatz, wenn der Ferienjob etwas mit ihrem Hobby zu tun hat."

_____

 Sammle weitere Meinungen von Jugendlichen zum Thema „Ferienjob" und berichte darüber zum Beispiel in eurer Schülerzeitung.

Aufsätze konkret – *Tipps und Schreibanleitungen vom Unfallbericht bis zum Zeitungsartikel*

© Verlag an der Ruhr | Postfach 10 22 51 | 45422 Mülheim an der Ruhr | **www.verlagruhr.de** | ISBN 978-3-8346-0457-6

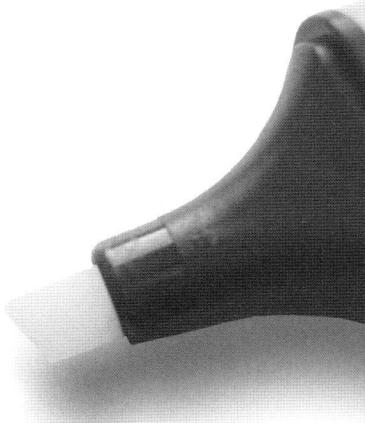

Interview &
Umfrage

Merkmale von Interview und Umfrage   **90**

Textbeispiel – Fragetypen erkennen   **91**

Hilfe bei Interviewproblemen   **92**

Sprachliches Glätten   **93**

Rollenspiel zur Interviewsituation   **94**

Fragebogen   **95**

Umfrage an der Schule   **96**

Interview & Umfrage

Merkmale von Interview und Umfrage

*Während bei den meisten Alltagsgesprächen beide Gesprächspartner Fragen stellen und sie auch beantworten, sind die Rollen beim Interview klar verteilt: **Der Interviewer fragt, der Interviewte antwortet. Der Leser nimmt die vermittelten Informationen auf und verwertet sie für sich.** Interviews dienen häufig dazu, einen Sachverhalt von einem Experten erklären zu lassen oder eine Person zu porträtieren. Durch das Wechselspiel von Fragen und Antworten wirken Interviews besonders lebendig. Der Journalist tritt dabei als Vertreter des Lesers auf und erfragt, was diesen vermutlich interessiert. Wenn der Gesprächspartner bei einem unliebsamen Thema Ausflüchte macht, kann der Journalist nachhaken und so das Informationsbedürfnis des Lesers befriedigen.*

Damit ein Interview erfolgreich ist, sollten sich beide Seiten darauf vorbereiten. Der Befragte muss darüber nachdenken, welche zusätzlichen Informationen (z.B. Fakten und Daten) er für das Gespräch benötigt, die er eventuell erst nachschlagen oder erfragen muss. Der Journalist muss sich eine sinnvolle Abfolge seiner Fragen überlegen.

Eine deutliche Struktur ist das A und O des Interviews. Darum ist es sinnvoll, das Thema früh genug mit dem Gesprächspartner abzuklären. Während des Interviews macht sich der Journalist entweder Notizen oder zeichnet den Wortlaut – mit Genehmigung des Gesprächspartners – mit einem Aufnahmegerät auf. Die Aufzeichnung hat den Vorteil, dass sich der Journalist auf das Gespräch konzentrieren und einzelne Passagen später auch mehrmals anhören kann. Allerdings macht es eine Menge Arbeit, das vollständige Interview zur weiteren Bearbeitung zu transkribieren. Am besten probiert ihr selbst aus, mit welcher Methode ihr besser zurecht kommt.

Während es beim Interview darum geht, die Meinung einer Person zu verschiedenen Fragen zu erfahren, will eine Umfrage ein Stimmungsbild zu einer bestimmten Fragestellung vermitteln. Verschiedene Menschen äußern sich zu einer Frage, ihre Antworten werden unkommentiert nebeneinandergestellt. Häufig kannst du solche Straßenumfragen im Radio hören.

Vergleich Interview/Umfrage

	Interview	Umfrage
Ziel	Hintergrundinformation zu einer Sache oder Person, Kontroversen ansprechen	Stimmungsbild zeigen
Befragte	Experten, Spezialisten zum Thema, Prominente, meist Einzelperson	mehrere Personen einer bestimmten Personengruppe (z.B. ältere Menschen, Kinder, Eltern) oder verschiedener Personengruppen, meist Unbekannte, Nicht-Prominente
Struktur	Abfolge von sich aufeinander beziehenden Fragen und Antworten	1–2 Fragen, die jeweils von verschiedenen Leuten beantwortet werden
Thema	aktuelle, auch strittige Themen aus allen Ressorts	strittiges Thema von allgemeinem Interesse, häufig vermischte Themen
Sprache	Umgangssprache, sprachlich geglättet	Umgangssprache, sprachlich geglättet

Aufsätze konkret – Tipps und Schreibanleitungen vom Unfallbericht bis zum Zeitungsartikel

© Verlag an der Ruhr | Postfach 102251 | 45422 Mülheim an der Ruhr | **www.verlagruhr.de** | ISBN 978-3-8346-0457-6

Textbeispiel –
Fragetypen erkennen

 Um welche Fragetypen handelt es sich bei diesem Auszug aus einem Spiegel-Interview zum Thema „Kleidung zeigt, wie du drauf bist"?

Vier Berliner Schülerinnen über die Vor- und Nachteile bauchfreier Mode, die Blicke der Lehrer und den Nutzen von Schuluniformen:

INFO

*Ein Interview besteht aus unterschiedlichen Arten von Fragen. Du findest **Einleitungsfragen**, in denen ein Bezug zum Thema hergestellt wird, **offene Fragen**, die eine ausführliche Antwort ermöglichen, **geschlossene Fragen**, die ein knappes Statement erfordern sowie **Nachfragen**, um etwas zu verdeutlichen. Außerdem gibt es **Fazitfragen**, in denen das Gesagte zusammengefasst und um ein abschließendes Statement gebeten wird.*

SPIEGEL: Meta, Canel, Julia, Teresa – was haltet ihr davon, dass eine Schulleiterin in Niedersachsen Eltern schriftlich auffordert, ihre Kinder nicht in Strand- oder Discoklamotten in die Schule zu lassen?

Meta (13)**:** Ich finde, das sollte den Lehrern doch egal sein. Ich rege mich auch nicht darüber auf, wie die rumlaufen. Das ist auch nicht immer besonders toll. […]

SPIEGEL: Was für Kleidung tragt ihr normalerweise in der Schule?

Julia (15)**:** Das Kleid hier habe ich mir erst gestern gekauft. Sonst trage ich oft Jeans. Die kombiniere ich aber mit ausgeschnittenen T-Shirts, oft auch bauchfrei.

Teresa (15)**:** Ehrlich gesagt, ist das jetzt mit 15 nicht mehr so die Frage, ob man bauchfrei rumläuft. Bauchfrei laufen bei uns eigentlich nur noch die Jüngeren rum. Die sind Fans von Britney Spears oder so und wollen die Stars halt nachmachen […]

SPIEGEL: Einige Politiker haben vorgeschlagen, Schuluniformen einzuführen. Was haltet ihr davon?

Julia: Das ist ein heikles Thema. Gut an Uniformen ist, dass die Rivalität aufhört. Keiner wird mehr ausgeschlossen, weil er die falschen Klamotten trägt. Denn was sagen die Klamotten schon aus?

Canel: Ja, wenn alle das Gleiche anhaben, kann man auch nicht mehr sehen, ob ihr Rock schöner oder teurer ist als meiner.

Teresa: Jeder wird dann akzeptiert.

SPIEGEL: Dann seid ihr also dafür?

Julia: Nee, das auch wieder nicht. Ich würde nicht gern damit rumlaufen. Das schränkt einen ziemlich ein. […]

Canel: In Schuluniform kann man die Leute nicht mehr so gut einschätzen. An der Kleidung sieht man, wie jemand so drauf ist. Man sieht zum Beispiel, ob ein Mädchen eingebildet ist.

SPIEGEL: Aber stimmt das denn immer?

Canel: Mich zum Beispiel haben am Anfang alle als Modepüppchen abgestempelt, weil ich mich geschminkt habe oder mal ein engeres Top anhatte. Jetzt, wo mich alle kennen, heißt es „Du bist ja wirklich voll nett." Man will nicht so wirken.

SPIEGEL: Nach der Erfahrung müsstest du doch eigentlich für Schuluniformen sein.

Canel: Nee, das wäre todlangweilig.

Julia: Es macht auch Spaß, die Leute anzugucken, wie sie gekleidet sind. Ich bilde mir dann schon meine Meinung … […]

— *Der Spiegel Nr. 28/2003*

91

Aufsätze konkret – *Tipps und Schreibanleitungen vom Unfallbericht bis zum Zeitungsartikel*

Hilfe bei Interviewproblemen

■ **Wie kann ich die Anspannung am Anfang des Interviews lockern?**	⇨ Versuche erst einmal, mit ein paar allgemeinen Bemerkungen die Atmosphäre zu entspannen und einen Anknüpfungspunkt zu finden. Empfehlenswert ist es, mit ein paar Aufwärmfragen in das Gespräch einzusteigen. Die Fragen/Bemerkungen können sich z.B. auf die Anfahrt oder den Ort, an dem das Gespräch stattfindet, beziehen. Wenn du den Interviewpartner schon ganz gut einschätzen kannst und nicht Gefahr läufst, ihn zu verletzen oder vor der Kopf zu stoßen, kannst du auch Fragen, die direkt auf die Person bezogen sind, stellen.
■ **Wie vermeide ich es, dass der Interviewpartner langatmig antwortet?**	⇨ Stelle möglichst kurze, präzise Fragen, die sich an den journalistischen W's orientieren. Damit sich dein Gesprächspartner nicht bloß auf ihm angenehme Aspekte beschränkt, vermeide es, mehrere aneinandergekoppelte Fragen zu stellen. Mit Gesten kannst du andeuten, dass du Zwischenfragen stellen möchtest. Auch Atempausen deines Gesprächspartners kannst du für Unterbrechungen zum Nachfragen nutzen.
■ **Was tue ich, wenn das Themengebiet sehr breit gefächert ist?**	⇨ Arbeite die Hauptaspekte deines Themas heraus und beschränke dich auf einige Schwerpunkte. Vertiefe lieber wenige Fragen, statt alle Aspekte nur kurz anzutippen.
■ **Wie reagiere ich, wenn mein Gesprächspartner zu übertriebener Selbstdarstellung neigt?**	⇨ Lenke das Gespräch wieder auf das eigentliche Thema und verdeutliche deinem Gesprächspartner noch einmal, um was es in dem Interview gehen soll.
■ **Wie verhalte ich mich, wenn sich mein Gesprächspartner hinter floskelhaften Antworten verschanzt?**	⇨ Hake nach, wiederhole deine Frage in anderem Wortlaut und versuche, deinen Interviewpartner durch Provokation aus der Defensive zu locken. Hilfreich ist es auch, den Befragten mittels einer geschlossenen Frage zu einer klaren Aussage zu zwingen: *„Treten Sie bei der nächsten Wahl wieder an?"*
■ **Was tun, wenn mein Gesprächspartner einer klaren Aussage ausweicht?**	⇨ Bleibe höflich, frage hartnäckig nach und bitte ihn um nähere Erklärungen: *„Was bedeutet das für Sie genau?"* oder *„Könnten Sie das bitte noch einmal zusammenfassen?"* So kommt dein Gesprächspartner auf den Punkt.
■ **Was mache ich, wenn mein Gesprächspartner unverständliches Fachchinesisch benutzt?**	⇨ Bereite dich gründlich auf dein Interview vor. Wenn du trotzdem etwas nicht verstehst, bitte den Interviewten um eine Erklärung bzw. um konkrete Beispiele. Nicht allgemein verständliche Fachwörter erläuterst du für den Leser.
■ **Das Interview wird immer wieder durch Lärm, andere Personen oder Ähnliches gestört.**	⇨ Versuche, das Gespräch an einem ruhigeren Ort weiterzuführen. Notfalls verschiebst du es auf einen späteren Zeitpunkt.

Aufsätze konkret – *Tipps und Schreibanleitungen vom Unfallbericht bis zum Zeitungsartikel* © Verlag an der Ruhr | Postfach 10 22 51 | 45422 Mülheim an der Ruhr | **www.verlagruhr.de** | ISBN 978-3-8346-0457-6

Sprachliches Glätten

Interview & Umfrage

INFO

Sprachliche Korrekturen im Interview

⇨ Satzstellung: Auflösung von Schachtelsätzen, Komplettieren unvollständiger Sätze

⇨ Herausstreichen von Wiederholungen

⇨ Entfernen von Füllwörtern und Stammellauten (äh, also, nun ja …)

⇨ Weglassen von Antwortteilen, die zu weit von der Frage wegführen

⇨ Umschreiben von umgangssprachlichen und zu saloppen Formulierungen

Fast kein Gesprächspartner ist bei einem Interview in der Lage, sich druckreif auszudrücken. Außerdem geht die Länge der Antworten oft über das Maß dessen hinaus, was tatsächlich abgedruckt werden kann. Deshalb überarbeiten Journalisten die meisten Interviews sprachlich. Sie entfernen grobe Schnitzer, kürzen die Antworten, müssen aber bei allen Veränderungen sehr darauf achten, den Sinn der Aussagen nicht zu verändern.

 Überarbeite im folgenden Auszug eines Spiegel-Interviews über die Rationierung der Medizin für Alte die Antworten des Arztes Dr. Michael de Ridder.
(Natürlich hat der Spiegel dieses Interview ursprünglich in sprachlich einwandfreier Form abgedruckt.)

SPIEGEL: Wenn ein 85-jähriger Mann mit gebrochenem Oberschenkelhals in die Rettungsstelle Ihres Krankenhauses eingeliefert wird, weil er zu Hause gestürzt ist oder weil ihn ein junger Radfahrer auf dem Bürgersteig touchiert hat, wer entscheidet, ob er ein künstliches Hüftgelenk bekommt?

De Ridder: Ja, also, das ist so: Die Chirurgen, um genau zu sein, also der Diensthabende chirurgische Assistenzarzt gemeinsam mit seinem … äh … Oberarzt.

SPIEGEL: Wie lange dauert das?

De Ridder: Mmh. Das geht schnell. Wenn der … Präsident äh … Patient in einer operationsfähigen Verfassung … äh ist, bekommt er, also oft noch am selben Tag, eine künstliches Hüftgelenk.

SPIEGEL: Wenn man dem Patienten die Hüftoperation verweigern würde …

De Ridder: Jaaaa … also, das wäre dann, er wäre mit Sicherheit todgeweiht, weil er würde bettlägerig und in seinem Alter bekäme er höchstwahrscheinlich schnell eine Lungenentzündung oder Lungenembolie. Das wäre in seinem Alter ja tödlich, wahrscheinlich.

SPIEGEL: Das kalendarische Alter entscheidet also grundsätzlich nicht?

De Ridder: Nee, nee. Das wäre ja nicht nur unethisch, sondern im Übrigen voll dumm. Die einmaligen Kosten für eine – sagen wir mal – Hüftgelenksoperation, also die sind ja viel geringer als die Folgekosten. Die Folgekosten, wenn der Patient chronisch erkrankt, also krank bleibt: Schmerzmittel und Kosten für Transport, Kosten für Arztbesuche, das kostet in der Summe viel mehr.

[…]

— *nach: Der Spiegel Nr. 33 (11.8.2003) mit starken Veränderungen*

93

© Verlag an der Ruhr | Postfach 10 22 51 | 45422 Mülheim an der Ruhr | www.verlagruhr.de | ISBN 978-3-8346-0457-6

Aufsätze konkret – *Tipps und Schreibanleitungen vom Unfallbericht bis zum Zeitungsartikel*

Interview & Umfrage

Rollenspiel zu Interviewsituationen

Interviewer und Interviewte gehen mit ganz bestimmten Erwartungen an das Gespräch heran. Während es dem Journalisten meist darum geht, so viel wie möglich aus seinem Gesprächspartner – entweder zur Person oder zu einem bestimmten Thema – herauszubekommen, möchte sich der Befragte ins beste Licht rücken. Das kann zu einem Interessenskonflikt zwischen dem Fragesteller und dem Interviewten führen, vor allem, wenn ein heikles Thema im Mittelpunkt des Gesprächs steht.

 Unten findet ihr Kärtchen für ein Rollenspiel. Der Interviewte ist hier jeweils in einer für ihn unangenehmen Situation. Ihr arbeitet in Zweiergruppen und wählt gemeinsam eine Rollenkarte aus. Einer von euch übernimmt die Rolle des Journalisten, der andere die auf der Karte genannte. Nun muss der Journalist durch hartnäckiges Fragen so viel wie möglich herausfinden. Sein Gesprächspartner hingegen versucht, unangenehmen Fragen auszuweichen und das Gespräch in für ihn günstigere Bahnen zu lenken.

Ministerin, der Betrug an ihren Wählern vorgeworfen wird.

Politiker nach einer deutlichen Wahlniederlage.

Sportler, der unter Dopingverdacht steht.

Schauspielerin, der eine Affäre mit einem Politiker nachgesagt wird.

Pressesprecher eines Chemiewerks zum Thema „Einleitung von Giftstoffen in den Fluss".

Chef der städtischen Verkehrsbetriebe zum Thema „Fahrpreiserhöhung".

Autorin, deren letzter Roman ein großer Flop wurde.

Popstar, der beschuldigt wird, seine Songs von anderen Sängern geklaut zu haben.

Museumsdirektor, der Ausstellungsstücke für sein Museum illegal ersteigert hat.

Kultusminister zum Thema „Schlechte Ausstattung der Schulen".

Chefarzt eines Krankenhauses, in dem vermehrt Infektionskrankheiten auftreten.

Aufsätze konkret – *Tipps und Schreibanleitungen vom Unfallbericht bis zum Zeitungsartikel*

© Verlag an der Ruhr | Postfach 10 22 51 | 45422 Mülheim an der Ruhr | **www.verlagruhr.de** | ISBN 978-3-8346-0457-6

Fragebogen

Interview & Umfrage

Es gibt verschiedene Arten von Fragen

1 ### Geschlossene Fragen

Mögliche Antworten sind bereits vorgegeben.

Beispiel: Womit beschäftigst du dich in deiner Freizeit?

☐ *Sport* ☐ *Computer*

☐ *Bücher lesen* ☐ *Freunde treffen*

2 ### Fragen mit einer Bewertungsskala

Entweder Schulnoten von 1 bis 6 oder eine Skala von
sehr zufrieden, zufrieden, neutral über unzufrieden
bis sehr unzufrieden.

Beispiel: Wie zufrieden bist du mit den folgenden Räumen
unserer Schule?

	sehr zufrieden	zufrieden	neutral	unzufrieden	sehr unzufrieden
Schulhof					
Pausenraum					
Klassenzimmer					
Turnhalle					
Fahrradraum					

3 ### Offene Fragen

Der Befragte kann die Antwort frei formulieren.

Beispiel: Welche Ziele könntest du dir für den nächsten
Ausflug vorstellen?

_____

_____

Damit du die Fragebögen entsprechend auswerten kannst,
ist es wichtig, bei der Befragung auch die statistischen Daten
abzuklären, wie beispielsweise:

- **Geschlecht des Befragten**
- **Alter**
- **Wohnort**

Wonach du fragst, hängt natürlich von deinem Thema ab.

Wenn du die Meinung unterschiedlicher Leute zum selben Thema herausfinden möchtest, ist es effizient und Zeit sparend, sie mit Hilfe eines Fragebogens zu befragen. Da es sich um eine anonyme Art der Befragung handelt, ist die Wahrscheinlichkeit, ehrliche Antworten zu bekommen, größer als bei einem Interview. Bei der Entwicklung des Fragebogens solltest du im Kopf haben, welches deine Leitfragen sind und welchem Zweck dieser Fragebogen dienen soll. Achte auf eine sinnvolle Abfolge der Fragen. Bevor du einen neuen Themenbereich ansprichst, sollte der alte erschöpfend behandelt sein.

© Verlag an der Ruhr | Postfach 102251 | 45422 Mülheim an der Ruhr | **www.verlagruhr.de** | ISBN 978-3-8346-0457-6

Aufsätze konkret – *Tipps und Schreibanleitungen vom Unfallbericht bis zum Zeitungsartikel*

Umfrage an der Schule

 Macht eine Kurzumfrage an eurer Schule. Sammelt in der Klasse zunächst mögliche Themen für eine solche Kurzumfrage, entscheidet euch dann für eines und sucht Gesprächspartner in der Schule. Achtet darauf, möglichst unterschiedliche Leute (bezogen auf Alter, Geschlecht, Herkunft etc.) zu befragen, um vielschichtige Eindrücke zu gewinnen. Wählt 4–5 eurer Kurzinterviews aus und präsentiert die Statements zum Umfragethema ansprechend auf einem Plakat. Überarbeitet dazu, wenn erforderlich, die Antworten eurer Gesprächspartner sprachlich.

 Bereitet zu demselben Thema einen Fragebogen vor, mit dem ihr Leute an eurer Schule befragt. Tipps zur Fragebogengestaltung findet ihr auf Seite 95. Vergleicht die Resultate der beiden Befragungsformen miteinander.

Einige Themenvorschläge:

Kantine an der Schule

Verkehrsanbindung unserer Schule

Verbesserungsvorschläge für die Gestaltung unserer Schule

Sicherheit an der Schule

Ergebnisse der letzten Projektwoche

Zufriedenheit mit dem Angebot der AGs

Verhältnis zwischen jüngeren und älteren Schülern

Bewertung des Betriebspraktikums

Letzte Aufführung der Theater-AG

Planung des nächsten Schulfestes

Ideen zur Schulhofgestaltung

Aufsätze konkret – *Tipps und Schreibanleitungen vom Unfallbericht bis zum Zeitungsartikel*

© Verlag an der Ruhr | Postfach 10 22 51 | 45422 Mülheim an der Ruhr | **www.verlagruhr.de** | ISBN 978-3-8346-0457-6

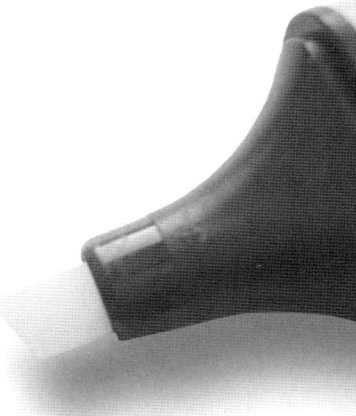

Kommentar & Glosse

Merkmale von Kommentar und Glosse 98

Textbeispiel – Pro-Kommentar 99

Textbeispiel – Kontra-Kommentar 100

Kommentaranalyse in Gruppen 101

Pro/Kontra-Tabelle für eigenen Kommentar 102

Textbeispiel Glosse 103

Beispiele und Pointe finden 104

Gebrauch von rhetorischen Stilmitteln 105

Rhetorische Figuren 106

Merkmale von Kommentar und Glosse

Sicherlich kennst du den Spruch „Der muss zu allem einen Kommentar abgeben", der sich auf Leute, die zu allem eine Meinung haben, bezieht. Um Meinungsäußerung geht es auch bei Kommentaren in den Medien.

Ein Journalist, der genug Hintergrundwissen hat (also in gewissem Sinne auch ein Besserwisser ist), schreibt seine Meinung zu einem brisanten, umstrittenen Thema des Tagesgeschehens. Dabei kann er ohne Zensur auch offen Kritik an der Regierung oder dem Staat üben, denn das deutsche Grundgesetz garantiert das Recht auf freie Meinungsäußerung.

Der **Kommentator** möchte in seinem Text nicht bloß seine Meinung äußern, sondern seine Leser zum **Nachdenken anregen**, ihnen **Orientierungsmöglichkeiten geben** und sie dazu bringen, sich **seiner Überzeugung anzuschließen**. Um diese Ziele zu erreichen, hat er verschiedene Möglichkeiten: Zum einen kann er ein Thema von zwei Seiten betrachten und dabei das Einerseits-Andererseits abwägen. Zum anderen kann er auch eine eindeutige Position beziehen oder mit einem abwägenden Sowohl-als-auch für neue Denkanstöße sorgen.

Seine **Meinung untermauert** der Kommentator mit **Fakten** und **Beispielen**. Beim Schreiben eines Kommentars kann der Journalist seinen **individuellen Schreibstil** ausleben. Deshalb findest du im Kommentar häufig Metaphern, Redensarten, Sprachspiele und natürlich – offen oder versteckt – parteiische Formulierungen, mit denen der Schreiber seine Leser überzeugen will. Durch diese im Vergleich zur Nachricht viel **komplexere Sprache** sind Kommentare in der Regel eine **anspruchsvollere Lektüre**.

Während der Kommentar eine Form der faktenorientierten Meinungsäußerung ist, steht bei der **Glosse** die **humorvolle**, aber durchaus **kritische Auseinandersetzung** mit einem Thema im Vordergrund. Mit viel **Ironie** und **Wortspielen** wird eine alltägliche Absurdität durch diese Satire verfremdet. Eine Glosse kann sich aber auch auf ernste Themen beziehen und diese satirisch-bissig „aufs Korn nehmen".

Vergleich Kommentar/Glosse

	Kommentar	Glosse
Thema	häufig Politik, Wirtschaft	häufig Alltagsthemen oder scheinbar nebensächliche Themen
Ziel	Information, Anregen zum Nachdenken, Kritik üben, Meinungsbildung oder Meinungsänderung bewirken	unterhalten, zum Schmunzeln bringen, Kritik üben, eine andere Sicht aufgreifen
Sprache	Wortspiele, Umgangssprache	Wortspiele, Ironie, Sarkasmus, Umgangssprache
Wertungen	deutliche Meinungsäußerung, versteckte Wertungen	Ironie, oft Übertreibungen, offene, unverhohlene Kritik
Stilebene	sachlich	gefühlsbetont, ironisch, bissig
Aufbau	Einleitung, Argumentation, Fazit	Einleitung, Hauptteil, Fazit, Schlusspointe

Aufsätze konkret – *Tipps und Schreibanleitungen vom Unfallbericht bis zum Zeitungsartikel*   © Verlag an der Ruhr | Postfach 10 22 51 | 45422 Mülheim an der Ruhr | **www.verlagruhr.de** | ISBN 978-3-8346-0457-6

Textbeispiel – Pro-Kommentar

 Im Folgenden findest du zwei Kommentare zum selben Thema: Es geht um das Rauchverbot in der Öffentlichkeit. Beschreibe jeweils die Textstruktur und stelle die Argumente der beiden Kommentare gegenüber.

Endlich rauchfrei

Von Alan Posener

Rauchen in öffentlichen Räumen ist vorsätzliche Körperverletzung der nicht rauchenden Mitmenschen. In einer idealen Welt rational handelnder Individuen würden Raucher aus Rücksicht darauf verzichten. In jener idealen Welt gäbe es keine Süchte, die das Urteil trüben, den Willen schwächen und die Wahrnehmung anderer Menschen und ihrer Bedürfnisse ausblenden.

In einer idealen Welt des freien Marktes gäbe es längst mehr Nichtrauchergaststätten als Rauchergaststätten, entsprechend dem eindeutigen Mehrheitswunsch der Kunden. In jener idealen Welt gäbe es keine Existenzängste, die dazu führen, dass kein Wirt freiwillig auf einen möglichen Kunden verzichtet. Mit der Folge, dass bisher nicht die Luftvergifter frei wählen mussten zwischen dem Frönen ihrer Sucht und einem Gaststättenbesuch, sondern die Nichtraucher zwischen Zuhausebleiben und Vergiftetwerden.

Der Markt hat in seiner Urfunktion versagt, die optimale Verteilung von Gütern – hier: Geselligkeit plus gute Luft – zu garantieren. Das ist bitter. Der freie rauchende Bürger hat bekundet, dass er ohne Verbot nicht daran denkt, den liberalen Grundsatz zu respektieren, dass die Freiheit meiner Faust dort aufhört, wo das Kinn des Nachbarn beginnt.

Marktversagen und vorsätzliches, fortgesetztes unsoziales Handeln einer Gruppe sind die klassischen Fälle, die staatliches Eingreifen erfordern. Insofern ist das Jammern über eine Niederlage des Liberalismus angesichts des nun von den Ländern so gut wie beschlossenen Rauchverbots in öffentlichen Räumen unangebracht.

Auch so urliberale Länder wie die USA und Großbritannien (wo sogar in privaten Clubs das totale Rauchverbot gilt) und so gesellige und genussfreundliche Länder wie Irland und Italien haben Gesetze zum Schutz der Nichtraucher. Weder die Liberalität noch die Geselligkeit – und schon gar nicht die Umsätze der Wirte – haben Schaden genommen.

Jene Raucher, die mit Grausen an den ersten Abend in der rauchfreien Kneipe denken, sollten sich mit Hans Albers trösten: „Beim ersten Mal, da tut's noch weh … Doch mit der Zeit gewöhnt man sich daran."

— Die Welt, 25.02.2007

© Verlag an der Ruhr | Postfach 102251 | 45422 Mülheim an der Ruhr | www.verlagruhr.de | ISBN 978-3-8346-0457-6

Aufsätze konkret – *Tipps und Schreibanleitungen vom Unfallbericht bis zum Zeitungsartikel*

Textbeispiel – Kontra-Kommentar

Recht auf Laster

Von Richard Herzinger

Die Bewohner der westlichen Industrieländer werden immer gesünder. Sie haben heute eine durchschnittliche Lebenserwartung von ungefähr 80 Jahren. Dennoch herrscht in der westlichen Welt eine Alarmstimmung. Die Kampagne für ein flächendeckendes Rauchverbot in der Öffentlichkeit ist dafür das derzeit spektakulärste.

Dabei kann niemand bestreiten, dass die Ausweitung des Nichtraucherschutzes von vernünftigen Argumenten gestützt wird. Bedenklich ist freilich die Art, wie die Diskussion mittlerweile geführt wird. Wer sich der Forderung nach radikaler Verbannung des Rauchens aus dem öffentlichen Raum noch argumentativ widersetzt, gerät im günstigsten Fall in den Verdacht, von der Tabakindustrie manipuliert zu sein. In dieser Panikstimmung erscheint es jemand kaum noch als unverhältnismäßig, wenn als Buße für einen Verstoß gegen Rauchverbote Geldsummen in Höhe von 1000 Euro ins Spiel gebracht werden.

Dabei stützt sich diese harte Haltung auf fragwürdige Zahlen, die dennoch als unbestreitbare Wahrheiten im Umlauf sind. Angeblich sterben am Passivrauchen pro Jahr 3300 Menschen. Das klingt zunächst wie eine Horrorzahl – auch wenn es sich dabei um nicht mehr als 0,04 Prozent der Bevölkerung handelt. Mit welchen wissenschaftlichen Methoden aber will man diese genaue Zahl ermittelt und den Tod von Menschen auf die eine alleinige Ursache zurückgeführt haben? Könnte nicht zumindest ein Anteil daran Autoabgasen oder anderen schädlichen Substanzen in der Atemluft zugeschrieben werden? Exakt ermittelt werden kann dagegen etwa die Zahl der Verkehrstoten – es sind 14 pro Tag. Doch erwägt niemand, deshalb den motorisierten Verkehr vollständig einzustellen.

Aufklärung über Risiken wie die des Rauchens und Rasens mag langwierig sein, wirkungslos ist sie nicht. Doch die Geduld mit den Lernprozessen offener Gesellschaften beim vernünftigen Umgang mit alltäglichen Gefahren scheint zunehmend verloren zu gehen. Immer öfter tritt der Staat als oberste moralische Instanz auf, der vorgibt, welche Art von Umgang mit Lebensrisiken als die einzig akzeptable zu gelten hat.

Diese staatliche Einmischung wird von den Bürgern jedoch kaum noch als Einschränkung in ihr privates Selbstbestimmungsrecht wahrgenommen. Doch dem Einzelnen Räume für das Ausleben von Lastern in zivilisierten Grenzen zu schaffen, gehört seit eh und je zu den Grundbedingungen der Freiheit in bürgerlichen Gesellschaften. Ein Staat, der von den Einzelnen rund um die Uhr nur das Tugendhafte verlangt und ihn dabei mit moralischen Argusaugen überwacht, könnte sich vor unser aller Augen in eine alptraumhafte Zwangsanstalt verwandeln.

— *Die Welt, 01.03.2007*

Aufsätze konkret – *Tipps und Schreibanleitungen vom Unfallbericht bis zum Zeitungsartikel*   © Verlag an der Ruhr | Postfach 102251 | 45422 Mülheim an der Ruhr | **www.verlagruhr.de** | ISBN 978-3-8346-0457-6

Kommentaranalyse in Gruppen

 Sucht aus verschiedenen Zeitungen drei Kommentare, die sich alle auf dasselbe Thema beziehen. Am besten schaut ihr in Zeitungen unterschiedlicher politischer Ausrichtung nach, um Kommentare zu finden, die ein breites Meinungsspektrum abdecken.

 Verteilt die fotokopierten Kommentare so in eurer Klasse, dass gleich viele Schüler einen Text A, B beziehungsweise C bekommen. Bildet dann drei Gruppen: Alle Leute mit Text A, alle mit Text B und alle mit Text C arbeiten jeweils zusammen. Zunächst liest sich jeder seinen Text gründlich durch, danach diskutiert ihr in euren Gruppen Inhalt, Argumentationsstruktur und besondere Merkmale des Textes. Sammelt Beispiele für eure Beobachtungen. Mit folgenden Punkten solltet ihr euch beschäftigen, um die spezifischen Merkmale eures Kommentars herauszuarbeiten:

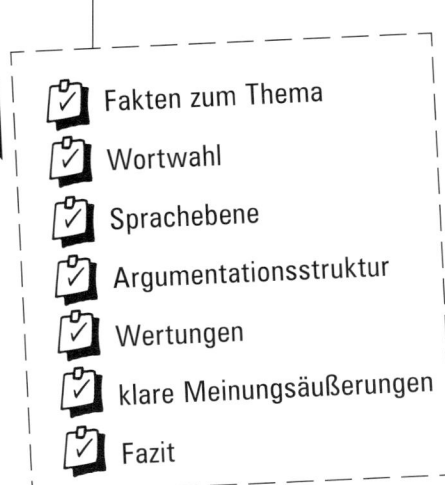

- ☑ Fakten zum Thema
- ☑ Wortwahl
- ☑ Sprachebene
- ☑ Argumentationsstruktur
- ☑ Wertungen
- ☑ klare Meinungsäußerungen
- ☑ Fazit

 Nach 10–15 Minuten werden neue Gruppen gebildet. Nun setzen sich immer ein Schüler aus A, B und C zusammen. Sie stellen sich gegenseitig ihre Texte vor und vergleichen die Argumentationsstruktur der verschiedenen Kommentare miteinander. Abschließend arbeiten alle im Plenum und sammeln die Ergebnisse der einzelnen Gruppen.

 Schreibe auf der Grundlage der drei Beispieltexte einen eigenen Kommentar. Ergänze dazu zunächst folgendes Schema, um deine Ideen zu strukturieren:

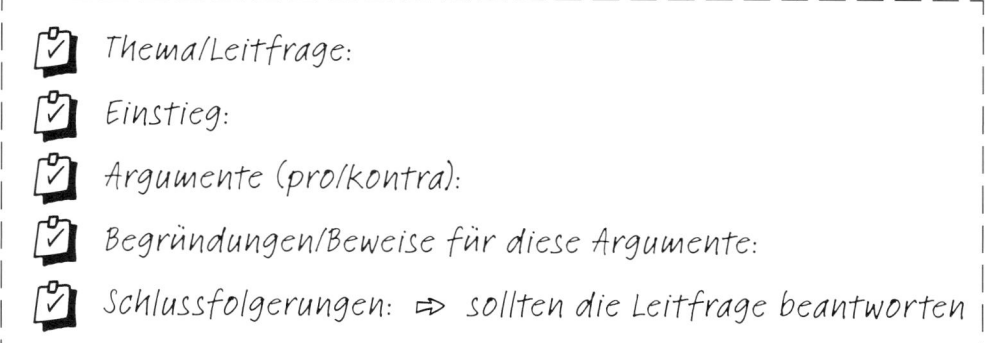

- ☑ Thema/Leitfrage:
- ☑ Einstieg:
- ☑ Argumente (pro/kontra):
- ☑ Begründungen/Beweise für diese Argumente:
- ☑ Schlussfolgerungen: ⇨ sollten die Leitfrage beantworten

101

Aufsätze konkret – *Tipps und Schreibanleitungen vom Unfallbericht bis zum Zeitungsartikel*

© Verlag an der Ruhr | Postfach 10 22 51 | 45422 Mülheim an der Ruhr | www.verlagruhr.de | ISBN 978-3-8346-0457-6

Pro/Kontra-Tabelle für eigenen Kommentar

 Wenn du selbst einen Kommentar schreiben möchtest, solltest du zunächst mögliche Pro- und Kontra-Argumente zu deinem Thema sammeln. Lege dazu eine Tabelle an und notiere deine Ideen. Auf diese Weise bekommst du einen Überblick über Argumente und Gegenargumente und kannst damit den roten Faden deines Kommentars erarbeiten.

Du hast **zwei Möglichkeiten**, deine Argumente im Kommentar anzuordnen: Entweder du nennst zuerst die Gegenargumente bzw. Nachteile deiner Position und entkräftest sie dann mit deinen Pro-Argumenten. Oder du stellt die beiden Meinungen Pro und Kontra gegenüber und wägst zwischen ihnen ab.

Achte beim Schreiben auf Folgendes:

⇨ Vorsicht beim Kommentieren von Ereignissen, die sich schnell verändern.

⇨ Als Kommentator musst du über dein Thema Bescheid wissen.

⇨ Vor dem Schreiben solltest du dir über das Ziel deines Textes im Klaren sein.

⇨ Berücksichtige den Kern des Themas, also das, was die eigentliche Diskussion entfacht.

⇨ Veröffentliche nur gesicherte Fakten.

⇨ Biete deinen Lesern Hintergrundinformationen.

⇨ Wähle einen provokanten Einstieg, der neugierig macht.

⇨ Schreibe anschaulich und präzise.

⇨ Benutze Metaphern und ausdrucksstarke Sprache.

⇨ Entwickele für die Abfolge der Argumente einen roten Faden.

⇨ Finde einen abgerundeten Schluss, zum Beispiel eine Pointe.

 Suche dir ein Thema aus und verfasse einen eigenen Kommentar. Hier ein paar Vorschläge:

- Öffentlicher Nahverkehr in deiner Stadt
- Einführung von Schuluniformen
- Führerschein ab 16
- Freizeitangebot für Jugendliche in deiner Stadt
- Ladenöffnungszeit bis 20 Uhr am Samstag
- Ganztagsschulen

Aufsätze konkret – *Tipps und Schreibanleitungen vom Unfallbericht bis zum Zeitungsartikel*

© Verlag an der Ruhr | Postfach 10 2251 | 45422 Mülheim an der Ruhr | **www.verlagruhr.de** | ISBN 978-3-8346-0457-6

Textbeispiel Glosse

Kommentar & Glosse

Im unten stehenden Beispiel beschreibt der Autor sehr konkret, wie die Wohnidylle bei seinen Großeltern aussieht. Diese bildhaften Beschreibungen sorgen für Komik, weil sie mit den gängigen Klischees (Essen um Punkt 12 Uhr, gepflegter Garten) spielen.

 Suche alle Bilder aus dem Text heraus, mit denen der Autor sein Wohnungsangebot anpreist.

INFO

Humorvoller als ein Kommentar sind Glossen wie das berühmte Streiflicht in der Süddeutschen Zeitung. Oft entstehen sie aus alltäglichen Begebenheiten, denen eine gewisse Doppelbödigkeit anhaftet. Sie sind ironisch und durch Überspitzung witzig. Die Glosse ist wie der Kommentar in feuilletonistischem Stil geschrieben, jedoch weniger faktenorientiert, dafür gefühlsbetonter. Sprachspiele und bildhafte Ausdrücke sorgen für manches Schmunzeln beim Lesen. Eine Glosse zu schreiben, ist sehr schwierig, denn es kommt darauf an, den richtigen Ton zu treffen und nicht ins Alberne oder Plumpe abzugleiten.

Schön wohnen bei Oma

Angebot an den von Obdachlosigkeit bedrohten Bundespräsidenten

Von Sascha Klaverkamp

Sehr geehrter Herr Bundespräsident! Schockiert habe ich die Nachricht aufgenommen, dass Sie und Ihre Gattin in Kürze obdachlos sein könnten. Dann, wenn Sie wegen Renovierungsarbeiten aus Ihrem schönen Schloss Bellevue auf Zeit ausziehen müssen.

Vielleicht klappt's ja als Übergangslösung mit dem derzeit leer stehenden Kronprinzenpalais, das jetzt im Gespräch ist. Falls nicht, lasse ich Sie aber nicht im Regen stehen.

Deshalb hier mein Angebot, lieber Herr Bundespräsident. Ziehen Sie doch, so lange in Ihrem Schloss die Handwerker Krach machen, bei meinen Großeltern ein. Gründe dafür gibt es viele: Erstens würden sich Oma und Opa – beide mit Mitte 80 noch absolut rüstig – riesig freuen, mal ungezwungen mit Ihnen über die guten alten Zeiten zu plaudern. Und Sie, werter Präsident, kämen ungezwungen in Kontakt mit der Basis. Ich könnte die beiden auch vorher bitten, das unangenehme Thema „Nullrunde für Rentner" nicht auf den Tisch zu bringen.

Apropos Tisch. Meine Oma kocht mindestens so gut wie Ihr Leibspeisenmacher in Berlin. Vor allem Omas Pfannkuchen mit Wurzelgemüse sollten Sie unbedingt mal probieren. Jeden Mittag – pünktlich um zwölf – wird serviert. Nachher gibt's immer leckeren Pudding. Ist das nichts? Außerdem wohnen meine Großeltern schön ruhig. Zwischen Wald und Wiese. Da, wo sich Fuchs und Hase nicht „Gute Nacht" sagen können, weil sie zu weit voneinander entfernt wohnen. Vorteil: Niemand würde Sie da belästigen. Paparazzi-freie Zone.

Mit Staatsgästen könnten Sie dort entspannt durch den akribisch gepflegten typisch deutschen Garten schlendern. Und bloß keine Sorge wegen des roten Teppichs: Der liegt im Wohnflur seit Mitte der Sechziger, bordeaux-rot. Täglich gesaugt, beste Qualität. Das alles (fast) kostenlos. Nur zwei so kleine Verdienstkreuzchen für die zwei wären schon schön.

Mit freundlichem Gruß

Ruhr-Nachrichten, 4.7.2003

 Welche Wohnungsangebote könntest du dem bald obdachlosen Bundespräsidenten machen? Finde Bilder, die einen plastischen Eindruck dieses neuen Domizils vermitteln.

© Verlag an der Ruhr | Postfach 10 2251 | 45422 Mülheim an der Ruhr | www.verlagruhr.de | ISBN 978-3-8346-0457-6

Aufsätze konkret – Tipps und Schreibanleitungen vom Unfallbericht bis zum Zeitungsartikel

Beispiele und Pointe finden

Die folgende Glosse beschäftigt sich mit falschen Versprechungen in der Werbung.

Nichts ist möglich

Geist ist geil

Milch macht müde

Ich bin doch blöd!

Bleiben abschließend zwei Dinge zu klären: Ist wirklich die große zentraldirigistische Keule der EU vonnöten, um auch dem Letzten klarzumachen, dass Red Bull doch keine Flügel verleiht? Und wie steht es an der Wurst-theke? Darf es zumindest dort noch ab und an „ein bisschen mehr" sein?

 Füge deine Ideen zu ❶ in den Text ein. Auf welche Slogans müssen Firmen künftig verzichten, wenn Reklame tatsächlich nur noch das beinhalten darf, was sich beweisen lässt? Nenne weitere Beispiele ❷.

Wer macht die Kinder froh
Ein Ire und seine Mission:
Der EU-weite Kampf gegen Werbelügen
Von Tobias Großekemper

Bald ist es soweit: Ab dem 30. September 2003 dürfen Zigaretten nicht mehr light oder mild heißen. Und die Erwartungen an die daraus resultierenden Alternativen der kreativen Werbeköpfe sind nicht niedrig. ❶ **West sport, Camel Jogger, HB aktiv** oder **Marlboro marathon** – man darf gespannt sein, wie uns die Gesundzigaretten ab dann verkauft werden.

Aber jetzt ist ein Mann angetreten, dem kollektiven Selbstbetrug ein Ende zu bereiten. Zumindest im Lebensmittelbereich. David Byrne, EU-Verbraucherkommissar, kämpft gegen den Imperativ der Werbung und räumt auf mit dem Diktat der PR-Lügen. Künftig, so der Vorstoß des blonden Juristen, darf Werbung nur noch anpreisen, was beweisbar ist. Seine „Verordnung über nährwert- und gesundheitsbezogene Angaben über Lebensmittel" soll dafür sorgen, dass nur noch drin ist, was draufsteht. Und andersherum. Die Folgen? Unübersehbar.

❷ **Die zarteste Versuchung: abgeschafft. Milch macht müde Männer nicht mehr munter und Haribo keine Kinder mehr froh.**

Und was passiert, wenn in schnelllebigen Zeiten **Mars bei Arbeit, Sport und Spiel nicht mehr mobil macht**, möchte man gar nicht wissen. Ganz zu schweigen von den plötzlich sozial isolierten, besserverdienenden Dauergrinsern, die zwar **pfundweise Küsschen** im Haus, aber keine Freunde mehr haben. Und wo es **immer eine gute Suppe** gibt, wird auch nicht mehr verraten …

Ruhr-Nachrichten, 19.07.2003

 Erstelle eine Liste mit weiteren Beispielen aus der Reklamewelt. Wie könnten Zigaretten noch heißen, wenn sie nicht mehr als leicht bezeichnet werden dürfen?

 Finde für diese Glosse eine Abschlusspointe, die sprachlich in die Welt der Werbung passt. (Im Kasten rechts steht die tatsächliche Abschlusspointe des Textes.)

© Verlag an der Ruhr | Postfach 10 22 51 | 45422 Mülheim an der Ruhr | **www.verlagruhr.de** | ISBN 978-3-8346-0457-6

Gebrauch von rhetorischen Stilmitteln

Kommentar & Glosse

 In der unten stehenden Glosse findest du verschiedene Metaphern, wie zum Beispiel „Schafhirte". Warum greift der Autor in seinem Text solche Begriffe auf?

INFO

Glossen üben durch satirische Darstellung Kritik an Geschehen und Zuständen. Ironie, Wortspiele und Metaphern machen sie zu einer anschaulichen und heiteren Lektüre, die jedoch eine ernste Botschaft vermittelt.

Mehdorns Schafe
Die Bahnpreiserhöhung ist dreist

Von Götz Hamann

Bahnchef Mehdorn muss glauben, er sei ein Schafhirte. Seine Kunden eine blökende Herde. Ohne Gedächtnis. Genügsam. Und treudoof. Anders ist nicht zu erklären, wie lässig er wieder einmal die Preise erhöhen will. Es ist die dritte Erhöhung in zwei Jahren, um wie viel genau, ist noch offen. Anfang 2007 stiegen die Ticketpreise durchschnittlich um 5,6 Prozent, im Dezember des gleichen Jahres noch einmal um drei bis fünf Prozent. Begründet hat das die Bahn vor allem mit steigenden Energiepreisen. Klingt einleuchtend?

Dann sollten die Schafe mal in den Geschäftsbericht für das Jahr 2007 schauen. Darin heißt es: Bei „Energien und Kraftstoffen lag das Auftragsvolumen – trotz höherer Energiepreise mit 2,0 Milliarden Euro auf Vorjahresniveau". Die Bahn hat also über einen langen Zeitraum nicht mehr aufwenden müssen, um ihren Energiebedarf zu decken. Deutet man jüngste Aussagen richtig, dann ist der Anteil der Strom- und Dieselkosten an den Gesamtkosten über zwei Jahre gerade mal um drei Prozentpunkte gestiegen.

Trotzdem müssen sie wieder für den kommenden Preissprung mit herhalten, während das Fass Rohöl heute sogar ein Viertel weniger kostet als noch im Juli. Macht sich Mehdorn die Mühe, das zu erklären? Nein. Können seine Kunden nachvollziehen, warum sie bei steigenden Gewinnen mehr zahlen sollen? Nein. Einiges spricht dafür, dass der Hirte seine Schafe scheren will. Damit sich die Aktionäre nach dem geplanten Börsengang im Herbst einen dicken, warmen Strick leisten können. Könnte sein, dass sich die Schafe bald davonmachen. Aber nicht mit dem Zug.

Die Zeit, 21.08.2008

 Findest du noch weitere rhetorische Figuren, die der Autor in seiner Glosse verwendet? Unterstreiche sie im Text und erkläre ihre Bedeutung im Textzusammenhang. Die Tabelle auf Seite 106 kann dir dabei helfen.

105

© Verlag an der Ruhr | Postfach 10 22 51 | 45422 Mülheim an der Ruhr | www.verlagruhr.de | ISBN 978-3-8346-0457-6

Aufsätze konkret – Tipps und Schreibanleitungen vom Unfallbericht bis zum Zeitungsartikel

Kommentar & Glosse

Rhetorische Figuren

In vielen Kommentaren und Glossen spielen die Autoren mit der Sprache und benutzen rhetorische Figuren, um ihre Botschaft möglichst einprägsam zu vermitteln. In dieser Tabelle findest du eine Übersicht über wichtige rhetorische Figuren und ihre Bedeutung.

Rhetorische Figur	Erklärung	Beispiel
Alliteration	Mehrere aufeinanderfolgende Wörter beginnen mit demselben Anlaut.	**M**ilch **m**acht **m**üde **M**änner **m**unter.
Anapher	Mehrere aufeinanderfolgende Sätze fangen mit demselben Wort an.	**Das Problem** muss man lösen. **Das Problem** muss man thematisieren.
Antithese	Gegenüberstellung von Gegensätzen	**Jung** und **Alt**
Asyndeton	Reihung gleichgeordneter Wörter oder Satzteile	Er **kam, sah** und **siegte**.
Ellipse	Auslassung einzelner Wörter im Satz, wobei der Sinn des Satzes deutlich bleibt	**Was jetzt?** *(gemeint ist: Was machen wir jetzt?)*
Euphemismus	Beschönigung eines negativen Sachverhaltes durch einen positiven Ausdruck	**Nullwachstum** statt Stagnation
Hyperbel	Übertreibung	Das habe ich schon **tausendmal** gesagt.
Inversion	Umstellung der Satzglieder abweichend vom üblichen Sprachgebrauch	**Groß ist die Hoffnung am Morgen.**
Ironie	das Gegenteil ist gemeint	**Eine schicke Frisur!** *(gemeint ist: Das sieht furchtbar aus.)*
Klimax	stufenweise Steigerung einer Aussage	Es vergehen **Wochen** und **Monate**.
Metapher	bildhafte Umschreibung eines Wortes oder einer Wortgruppe außerhalb des eigentlichen Sinnzusammenhangs	Sie fühlte sich **wie ein Fisch im Wasser. Rabenmutter** *(gemeint ist: Mutter, die ihre Kinder vernachlässigt.)*
Metonymie	Umbenennung – ein Begriff transportiert den Inhalt des anderen	**Brüssel** verhandelt weiter. *(gemeint ist: Die Europäische Kommission)*
Oxymeron	Kombination zweier sich widersprechender Begriffe	**schwarzer Schimmel, warmer Schnee**
Parallelismus	gleichförmige Bauweise aufeinanderfolgender Sätze	**Sie stand** auf, **sie öffnete** die Tür, und **sie ging** hinaus.
Parenthese	Einschub in einem Satz	Das war – **nach langer Wartezeit** – die Lösung des Problems.
Personifikation	Vermenschlichung von Gegenständen und abstrakten Dingen	**Der Himmel weint. Der Frühling steht vor der Tür.**
rhetorische Frage	Frage, auf die keine Antwort erwartet wird	**Bin ich etwa deine Putzfrau?**
Sarkasmus	zu Hohn und Spott gesteigerte Ironie	**Natürlich kannst du noch mal zuschlagen – gern gleich hier!**
Wiederholung	mehrfache Verwendung einer bestimmten Struktur (Wort, Satz)	Er **läuft** und **läuft** und **läuft**.

Aufsätze konkret – *Tipps und Schreibanleitungen vom Unfallbericht bis zum Zeitungsartikel* © Verlag an der Ruhr | Postfach 10 22 51 | 45422 Mülheim an der Ruhr | **www.verlagruhr.de** | ISBN 978-3-8346-0457-6

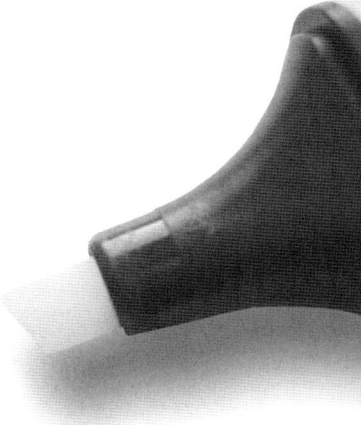

Rezension

Merkmale von Rezensionen 108

Textbeispiel 109

Verriss 110

Leitfragen für eine Rezension 111

Bewertende Adjektive 112

Rezension

Merkmale von Rezensionen

Filmkritiken in den Medien geben dir einen kurzen Überblick über die Handlung, nennen und beurteilen die mitwirkenden Schauspieler, weisen auf technische Details hin und stufen den Film als „sehenswert" oder „weniger gelungen" ein. Manchmal verreißen sie ihn auch völlig.

Solche Rezensionen gibt es nicht nur von Filmen, sondern auf jedem kulturellen Sektor – sei es bei Büchern, Theateraufführungen oder Kunstausstellungen. Diese Kritiken haben für den Künstler eine wichtige Feedback-Funktion und können den Erfolg oder Misserfolg seines Werkes beeinflussen. Außerdem haben sie auch für den Leser einen Nutzen, denn sie geben ihm eine Orientierung in dem nahezu unüberschaubaren Angebot an kulturellen Veranstaltungen und Neuerscheinungen.

Rezensionen bestehen aus zwei Textebenen: Zum einen vermitteln sie in sachlicher, prägnant beschreibender Sprache Hintergrundinformationen. Zum anderen gibt es eine Beurteilungsebene mit bewertender Sprache und häufig bildhaften Wendungen, in der der Autor ein klares Urteil fällt. Seine Bewertung belegt der Rezensent häufig mit Zitaten oder Beispielszenen aus dem Film oder Buch. Wenn es passt, zieht er auch einen Vergleich mit ähnlichen Werken. Das erfordert bei dem Verfasser natürlich ein breit gefächertes Wissen auf kulturellem Gebiet.

Merkmale der Rezension

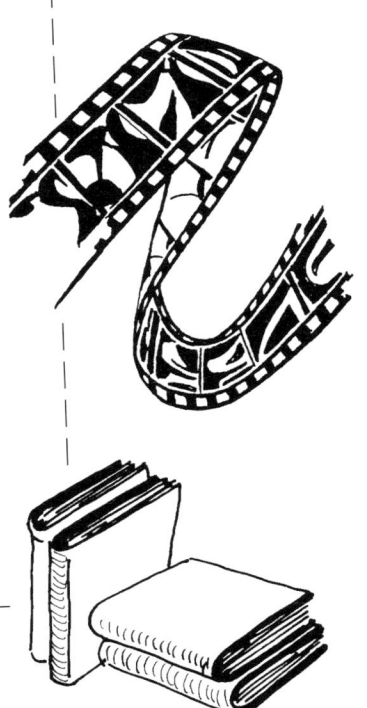

⇨ kritische Beurteilung von kulturellen Produkten wie Filmen, Büchern, Theateraufführungen, Ausstellungen

⇨ gibt dem Leser Orientierung und Tipps für die Freizeitgestaltung

⇨ hilft dabei, ein Werk in den kulturellen Gesamtzusammenhang einzuordnen

⇨ besteht aus einem sachlichen Informationsteil mit Fakten über Inhalt, Künstler, technische Umsetzung

⇨ enthält einen Bewertungsteil, in dem der Autor sein Urteil abgibt

⇨ bietet Beispiele, mit denen die Bewertung begründet wird

Aufsätze konkret – *Tipps und Schreibanleitungen vom Unfallbericht bis zum Zeitungsartikel*   © Verlag an der Ruhr | Postfach 10 2251 | 45422 Mülheim an der Ruhr | **www.verlagruhr.de** | ISBN 978-3-8346-0457-6

Textbeispiel

 Markiere bei der folgenden Rezension die Textstellen, in denen der Verfasser eine Bewertung abgibt.

Filmkritik:
Das Leben der Anderen: Schnüffler und Menschen

Sind Stasi-Mitarbeiter grundsätzlich schlechte Menschen? Sind ihre Opfer immer zu bemitleiden? Bleibt alles gleich? Regisseur Florian Henckel von Donnersmarck hat eine dieser Geschichten erzählt, in denen man sich seine Meinung nicht allzu schnell bilden sollte. Weil manchmal alles anders kommt als gedacht und die Täter selbst schnell zu Opfern werden können.

Gerd Wiesler ist ein Mann mit emotionalen Defiziten, aber beruflichen Erfolgen. Doch die sind in der DDR des Spätherbstes 1984 von der unangenehmsten Art. Denn Wiesler ist Stasi-Hauptmann und lehrt an der Hochschule der berüchtigten Organisation, die sich als „Schild und Schwert" der SED versteht, Verhörmethoden für Staatsfeinde. Wie die weichzuklopfen sind, weiß Wiesler nicht nur theoretisch, sondern aus täglicher Erfahrung. Weil er in dieser Tätigkeit so erfolgreich ist, bekommt er einen folgenreichen Auftrag. Wie der endet, zeigt der deutsche Film „Das Leben der Anderen".

Wiesler wird von seinem Vorgesetzten Grubitz auf den erfolgreichen Dramatiker Georg Dreymann angesetzt. Der soll im Verdacht stehen, politisch nicht „zuverlässig" zu sein und Westkontakte zu pflegen. Aber das sind nur vorgeschobene Gründe, denn in Wahrheit geht es um Dreymanns attraktive Geliebte, den DDR-Bühnenstar Christa-Maria Sieland. Diese wird nämlich auch von dem mächtigen Minister Bruno Hempf begehrt. Wiesler, der von nun an Dreymann selbst im privatesten Bereich abhört, weiß nichts von diesen Zusammenhängen. Er tut mit gewohnter Professionalität seine Arbeit. Auch auf ihn übt die schöne Sieland eine große Faszination aus. Doch seinen Bedarf an Erotik muss er auf schäbige und demütigende Weise stillen. Erst ganz allmählich dämmert Wiesler, wozu er missbraucht wird.

Die außergewöhnliche Qualität dieses Films erschließt sich dem Betrachter von der ersten Minute an. In Gerd Wiesler lernen die Zuschauer einen Mann kennen, der mit seinen Möglichkeiten und Überzeugungen ein System schützen will, das schon dem Untergang geweiht ist. Noch nie ist so präzise, so erschreckend realistisch und so gut recherchiert die Arbeit der Stasi auf der Leinwand gezeigt worden.

— *www.rp-online.de, 20.03.2006*

 Verwandle diese positive Kritik in einen Verriss. Auf Seite 112 findest du verschiedene Adjektive, die dir dabei nützen können.

Aufsätze konkret – *Tipps und Schreibanleitungen vom Unfallbericht bis zum Zeitungsartikel*

© Verlag an der Ruhr | Postfach 102251 | 45422 Mülheim an der Ruhr | **www.verlagruhr.de** | ISBN 978-3-8346-0457-6

Verriss

Ein Beispiel dafür ist die folgende Rezension des Films **Brothers Grimm**.

 Unterstreiche alle sachlichen Informationen zu Handlung, Schauspielern und Regisseur blau und alle (negativen) Bewertungen rot. Schlage die unbekannten Wörter vor der Bearbeitung des Textes im Lexikon nach.

Filmkritik:

Brothers Grimm: Rotkäppchen trifft Werwolf

Die Gebrüder Grimm werden modern: abgestaubt und entrümpelt und mit einem hippen englischen Titel versehen: „Brothers Grimm". Terry Gilliam hat die Geschichte der Autoren mit Matt Damon und Heath Ledger in den Hauptrollen jetzt auf die große Hollywood-Leinwand gebracht.

Terry Gilliam richtet aber bei seinem kulturellen Re-Import ein solch märchenhaftes Tohuwabohu an, dass man fast froh ist über die ignorante Titel-Verfremdung. Dabei ist die Ausgangsidee von Gilliam, Autor und Regisseur von Hits wie „Das Leben des Brian", bestechend: Die Gebrüder Grimm sind hier keine Gelehrten im Elfenbeinturm, sondern bilden als Team Grimm eine schnelle Eingreiftruppe gegen Dämonen, die sie indes selbst erzeugt haben.

Statt Disney-Süßstoff vermiest hier jedoch banales modernes Hexenwerk jenen doppelbödigen Spaß, der wohl geplant war. Beim Eintritt der Brüder ins Marbadener Unterholz beginnt eine atemlose und sinnfreie Abfolge von computeranimierten Märchenzitaten, bei denen sich Rotkäppchen und der Werwolf, Rapunzel und die böse Königin die Klinke des Dornröschenturmes in die Hand geben.

Was als unterhaltsame Hommage und Parodie auf den Reichtum Grimm'scher Märchen beginnt, entwickelt sich zur brachialen Märchenverwurstungs-Maschine, über die Zauberlehrling Gilliam allmählich die Kontrolle verliert. Da mag der Zuschauer gedanklich noch so viele Frösche küssen: Man muss schon ein großer Gilliam-Fan sein, um in diesem Märchenausverkauf einen echten Prinz zu entdecken.

— www.rp-online.de, 03.10.2005

 Besucht zusammen eine Filmvorführung und verfasst anschließend Rezensionen dazu. Vergleicht eure Eindrücke mit Filmkritiken aus Zeitungen und Zeitschriften. Im Internet findet ihr Filmkritiken beispielsweise bei der *Frankfurter Rundschau* unter: www.fr-online.de/in_und_ausland/kultur_und_medien/film/ **oder bei:** www.filmkritiken.org

Aufsätze konkret – *Tipps und Schreibanleitungen vom Unfallbericht bis zum Zeitungsartikel*

© Verlag an der Ruhr | Postfach 102251 | 45422 Mülheim an der Ruhr | **www.verlagruhr.de** | ISBN 978-3-8346-0457-6

Leitfragen
für eine Rezension

 Am besten machst du dir unmittelbar nach dem Kinobesuch beziehungsweise während der Lektüre des Buches Stichpunkte. Schreibe auf, was dir besonders gefällt oder missfällt und welche Besonderheiten im Film/Buch vorkommen. Achte darauf, sowohl sachliche Informationen zu notieren als auch persönliche Bewertungen. Für dein Urteil – egal, ob es positiv oder negativ ausfällt – solltest du Begründungen finden.

Folgende Aspekte gehören in deine Rezension:

 Inhalt
- Was ist die Handlung? (Dabei solltest du aber keinesfalls verraten, wie die Geschichte ausgeht, sonst nimmst du deinen Lesern die Spannung)
- Wie ist die Geschichte aufgebaut?
- Welche wesentlichen Charaktere treten auf? Wer spielt sie?
- beispielhafte Szenen

 Leistung der Akteure (bei Filmen)
- Welche Schauspieler gefallen dir in ihrer Rolle? Warum? (Beispiele)
- Welche Rollen sind fehlbesetzt? Warum? (Beispiele)

 Vergleich mit anderen Werken
- Gibt es bereits andere Filme/Bücher zu diesem Thema?
- Wodurch unterscheidet sich das rezensierte Werk von den anderen?
- Ist es besser oder schlechter gelungen als andere Werke zum Thema?

 Urteil
- Was ist an dem Film/Buch besonders herausragend?
- Worin liegen die Stärken und Schwächen des Werkes?
- Ist das Werk empfehlenswert? Wenn nicht, warum?
- Wird die filmische/literarische Umsetzung dem Thema gerecht?
- An welche Zielgruppe richtet sich der Film/das Buch?
- Welche Bedeutung hat das Werk für die Gesellschaft, beispielsweise bei der Aufarbeitung eines heiklen Themas?

 Rezensiert in eurer Klasse verschiedene Bücher zu einem Thema. Das können zum Beispiel Bewerbungsratgeber sein, an die ihr sicherlich besondere Ansprüche stellt.
Natürlich kann es aber auch jedes andere beliebige Buch sein. Mindestens vier von euch sollten sich jeweils dasselbe Buch vornehmen, damit ihr die Rezensionen verschiedener Personen in Kleingruppen miteinander vergleichen könnt.

© Verlag an der Ruhr | Postfach 10 2251 | 45422 Mülheim an der Ruhr | www.verlagruhr.de | ISBN 978-3-8346-0457-6

Aufsätze konkret – *Tipps und Schreibanleitungen vom Unfallbericht bis zum Zeitungsartikel*

Bewertende Adjektive

 In Rezensionen findest du viele Adjektive, die Stärken und Schwächen des Werkes beschreiben.
Ergänze die folgenden Charakterisierungen und versuche – wenn möglich –, das Gegenteil dazu zu finden.

gel [ ][n][g][ ]n

int [ ][r][e][ ][ ][ ]t

b [ ][n][ ]L

fa [s][z][ ][n][ ][e][r]nd

s [p][ ][n][n][ ][ ]d

pl [ ][t][ ]

m [i][t][ ][ ][ß][ ][n]d

ung [ ][w][ ][ ][ ][l][ ][c]h

au [f][ ][e][ ]nd

la [n][ ][ ][ ][w]ig

spe [ ][t][a][ ][ ][ ]är

ak [z][ ][p][ ][ ]bel

a [l][b][ ][ ]n

an [ ][e][h][ ]bar

an [s][p][ ][ ][h][ ]nd

n [i][ ][ ][t]s [ ][ ][g][ ]d

o [b][ ][r]fl [ ][c][h][l][ ][c]h

ü [b][e][ ][r][a][ ][ ][ ]nd

nach [ ][ ][ ][ ][z][i][ ]bar

un [v][e][ ][t][ä][ ]lich

pa [ ][k][ ]nd

te [m][p][o][ ][ ][i][c]h

la [n][g][ ][ ][ ][ ][i]g

be [e][i][d][r][ ][c][k][ ]d

ko [m][ ][ ][c]h

a [u][f]ge [s][ ][ ][z]t

im [p][ ][s][ ]nt

ein [s][c][h][ ][ ][f][e][ ]d

rü [h][ ][e][ ]d

s [c][h][ ][ ][ä]g

me [ ][r][ ][w][ü][ ][ ][i]g

be [w][ ][ ][e][n]d

Aufsätze konkret – *Tipps und Schreibanleitungen vom Unfallbericht bis zum Zeitungsartikel*

© Verlag an der Ruhr | Postfach 10 2251 | 45422 Mülheim an der Ruhr | **www.verlagruhr.de** | ISBN 978-3-8346-0457-6

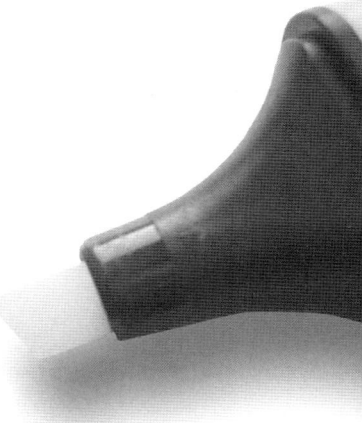

Reportage

Merkmale von Reportagen   **114**

Textbeispiel   **115**

Analyse eines Beispieltextes   **116**

Themenfindung   **117**

Einstiege   **118**

Fahrstuhlfahrt   **119**

Wiederholungen vermeiden   **120**

Merkmale von Reportagen

Reportagen vermitteln den Lesern Einblicke in eine andere Welt: Ohne dass man das Haus verlassen muss, bekommt man beim Zeitunglesen einen plastischen Eindruck vom Marktgeschehen in Tunesien, von einem Arbeitstag in einer Bäckerei oder den Vorbereitungen für eine Theateraufführung auf der Waldbühne. Ein Journalist ist für die Leser vor Ort und beobachtet das Geschehen. Er dient als Kamera, die möglichst vielfältige, aussagekräftige Bilder von dem Ereignis sendet.

Hauptaufgabe einer Reportage ist es, Sinneseindrücke zu vermitteln. Es geht um Sichtbares, aber auch um Geräusche, Gerüche, Geschmack und Empfindungen, die mit einem Ort oder einer Handlung verbunden sind. Die Kamera – also der Blick des Journalisten – schwenkt zwischen verschiedenen Personen und ihren unterschiedlichen Standpunkten hin und her, zoomt interessante Einzelheiten heran und ordnet diese mit Hilfe der Totalansicht in einen Gesamtzusammenhang ein.

Das Vermitteln von Sinneseindrücken ist für Zeitungsjournalisten besonders schwierig, weil sie auf die Unterstützung von Bild und/oder Ton verzichten müssen. Sprache ist für sie das einzige Mittel, Atmosphäre zu erzeugen. Dazu wählt der Journalist vor Ort charakteristische Details aus, die er in seinen Text einbaut. Um seiner Reportage Lebendigkeit und Authentizität zu verleihen, sucht er Ansprechpartner, die dank ihres Wissens oder ihrer Erfahrung interessante Informationen liefern können.

Damit sich die Leser nicht ausgeschlossen fühlen, vermeidet der Journalist die Ich- oder Wir-Perspektive und schreibt stattdessen aus der Sicht normaler Leute, mit denen sich jeder identifizieren kann. Die Ich-Perspektive bietet sich nur dann an, wenn der Reporter etwas Einmaliges erlebt und beispielsweise von seinen Erfahrungen bei einem Fallschirmsprung oder einer Radtour durch die Wüste erzählen kann.

Merkmale der Reportage

⇨ roter Faden, der sich durch den Text zieht

⇨ der Journalist schildert seine Erlebnisse und Eindrücke, vermeidet aber die Ich- bzw. Wir-Perspektive

⇨ verschafft den Lesern exklusive Eindrücke von einem bestimmten Ort

⇨ vermittelt Atmosphäre

⇨ bildhafte Sprache verdeutlicht Informationen und Handlungen

⇨ Mischung von Detailbeobachtungen und allgemeinen Informationen

⇨ Betroffene/Beteiligte kommen zu Wort

Aufsätze konkret – *Tipps und Schreibanleitungen vom Unfallbericht bis zum Zeitungsartikel*

© Verlag an der Ruhr | Postfach 10 2251 | 45422 Mülheim an der Ruhr | **www.verlagruhr.de** | ISBN 978-3-8346-0457-6

Textbeispiel

Kennzeichnend für die Reportage ist, dass

⇨ Betroffene zu Wort kommen.

⇨ die Perspektive wechselt.

⇨ der Journalist seine eigenen Eindrücke beschreibt.

⇨ ein plastisches Bild vom Ort und seiner Atmosphäre geschaffen wird.

 Lies nun die folgende Reportage und kennzeichne mit verschiedenen Farben, wo die oben genannten Kennzeichen im Text auftauchen.
Fallen dir noch weitere Besonderheiten auf?

Teil 1

Kalt, nass und immer dunkel:
Rutschpartie durch den Syberg

Von Anja Pieper

Syburg. Von oben tropft's. Wasser rinnt die Wände runter. Plätschernd wie bei einem Springbrunnen – sonst nur Stille. Draußen strahlt die Sonne, hier unten ist's nachtschwarz. Schwach leuchtet die kleine Grubenlampe aufs „Arschleder" direkt voran.

Auf allen vieren geht's hinter Heinz-Ludwig Bücking her. Die Pumpe rast, der Atem stockt. Alles andere als ein Kinderspiel. Das von zwei Eisentoren gesicherte „Mundloch", das uns wieder nach draußen spucken könnte, liegt weit weg. „Bloß heil hier herauskommen" ist der Wunsch gen Himmel, doch der ward unter Tage nie gesehen. „Wie lange noch?" ist die bange Frage mitten im 150 Meter langen, aber schmalen und niedrigen Schleifmühlen-Stollen, der die aufrecht gehende Spezies schon vor 250 Jahren auf die Knie und in den Matsch zwang. Während die heutigen Besucher sich nur langsam die leichte Steigung hochschleppen können, schleppt Heinz-Ludwig Bücking hier sonst noch Rundhölzer, Stämme und Werkzeug rauf – oder Schutt und Geröll runter. „4000 Wagen à 60 Liter haben wir rausgefahren", sagt der 51-Jährige, während er immer tiefer in den Stollen „einfährt".

Nur 200 Meter weiter draußen kurven Zweiradfahrer die Serpentinen zum Hengsteysee hinab. Und schnell wird bei uns, mitten im Syberg, der Wunsch nach Licht, Platz und freier Luft größer. Aber Bücking ist in seinem Element, zeigt stolz sein „Kleinod", in dem es von 1740–1801 mit dem „Fimmel" (Meißel) an das Flöz Sengsbank ging.

Faszination schwarzes Grubengold. Der Hombrucher Gießerei-Ingenieur sieht in seiner Freizeit schwarz, macht verschüttete Stollen wieder zugänglich. Seit zehn Jahren schon malocht der Vorsitzende vom Förderverein Bergbauhistorischer Stätten, Kreisgruppe Dortmund, im Schleifmühlen-Stollen. Wo sechs Mann 1763 jährlich 164 Tonnen Kohle förderten, hat sich Bücking so etwas wie seinen Hobbyraum eingerichtet.

Durch den geht's immer noch kriechend voran, Knieschützer und Schmutz abweisende Besucher-Overalls machen sich jetzt bezahlt. „Da vorne steht die Kohle an", sagt der Familienvater und zeigt auf eine kleine schwarze Ader. Fast jedes Wochenende streift er die Bergmannskluft mit einer kleinen Schar von Hobby-Kumpels über, um „herauszufinden, wie die alten Bergleute gearbeitet haben."

▶▶

© Verlag an der Ruhr | Postfach 10 22 51 | 45422 Mülheim an der Ruhr | www.verlagruhr.de | ISBN 978-3-8346-0457-6

Aufsätze konkret – Tipps und Schreibanleitungen vom Unfallbericht bis zum Zeitungsartikel

Analyse
des Beispieltextes

Sprachliche Merkmale von Reportagen sind:

⇨ Verwendung von Umgangssprache

⇨ bildhafte Beschreibungen

⇨ Wortspiele

⇨ Einbettung von O-Tönen

 Finde Beispiele dafür im Text.

Teil 2

„Unser größter Feind sind Pilze im Holz"

▶▶ Für den 51-Jährigen ist's „Ausgleich" zum Beruf. „500 Stunden pro Jahr" hat der Freizeit-Malocher seither Schweiß vergossen, für jeden Holz-Türstock ein Wochenende geackert. „Der Stollen steht zwar fest im Gestein, aber muss, so wollen es die heutigen Vorschriften, mit Holz verkleidet werden", erzählt der drahtige Ingenieur, der sich eigentlich Bergwerksdirektor nennen könnte. „Tu ich aber nicht", sagt Bücking bescheiden, der im vergangenen Jahr 600 Besucher unter Tage beförderte.

Auch unser Weg führt bis zum Ende der bislang rekonstruierten Stollenstrecke. Von hier ab wird nun weiter „aufgewältigt", der Stollen für Führungen zugänglich gemacht. „Unser größter Feind dabei sind Pilze, die sich in die Holzkonstruktion setzen", berichtet der 51-Jährige, denen wird mit Essig zu Leibe gerückt. Den Stollen, den Bücking und seine Kumpels 1982 (wieder-)entdeckt haben, ziert dennoch schon die zweite Holzkonstruktion. Seinem Ziel ist der Verein trotzdem in greifbare Nähe gerückt: „Die Verbindung zu einem höher liegenden Stollen", sagt Bücking, während auch wir unserem Ziel endlich näher kommen. Auf den Knieschonern rutschend geht's zurück, wieder nach draußen.

Von der Arbeit im Stollen berichtet Heinz-Ludwig Bücking heute auf Zeche Zollern, Grubenweg 5. Beginn des kostenlosen Vortrags: 19.30 Uhr. Wer im Verein mitarbeiten/den Stollen besichtigen möchte, meldet sich unter Tel. 71 36 96.

— WAZ, 17.03.2003

Übrigens: Auch Texte von Journalisten lassen sich verbessern:

• Fachausdrücke solltest du erläutern (z.B. Fimmel)

• Vermeide Wiederholungen (im Text steht z.B. dreimal „der 51-Jährige")

 Versuche, mit Hilfe des Internets oder eines Lexikons die Bedeutung der in der Reportage benutzten Fachausdrücke herauszubekommen und sie knapp zu erläutern. Formuliere den Text so um, dass du störende Wortwiederholungen vermeidest.

Aufsätze konkret – *Tipps und Schreibanleitungen vom Unfallbericht bis zum Zeitungsartikel*

© Verlag an der Ruhr | Postfach 10 2251 | 45422 Mülheim an der Ruhr | **www.verlagruhr.de** | ISBN 978-3-8346-0457-6

Themenfindung

 Um ein möglichst breites Spektrum an Ideen und Recherche-wegen zu finden, könnt ihr zunächst ein Brainstorming durchführen. Bildet dazu Gruppen mit 4–6 Personen. Nachdem jeder aus eurem Team ein Thema auf einem Blatt notiert hat, unterteilt er es in 3 Spalten.

Damit deine Reportage gelingt, solltest du dir vorher überlegen, mit welchen Themen du dich beschäftigen willst und welche Schwerpunkte du setzen möch-test. Dazu brauchst du natürlich erst mal jede Menge Anhalts-punkte.

 Jeder notiert auf seinem Zettel in der 1. Spalte drei Per-sonengruppen, die man zu dem jeweiligen Thema befragen könnte.
In der 2. Spalte formuliert ihr drei Fragen, die ihr diesen Leuten stellen würdet. Schließlich tragt ihr in die 3. Spalte drei Orte ein, an denen ihr recherchieren könntet.
Dann gibt jeder sein Blatt an den rechten Nachbarn weiter. Dieser ergänzt drei weitere Personen, Fragen und Orte. Danach wandert jede Tabelle wieder eine Person weiter. Wenn der Zettel am Ausgangspunkt angelangt ist, hat jeder eine Menge Ideen für seine Reportage.

Thema: Sommer in der Stadt

Personen	Fragen	Orte
Eisdielenbesitzer Kioskbesitzer Kunden	• Welche Eissorten sind die Favoriten? • Welche Leute kaufen am meisten Eis? • Wie viel Geld gibt jeder Kunde aus?	Eiscafé Kiosk an der Schule Eiswagen
Verkäufer Leute, die bummeln gehen Freunde	• Wie läuft der Verkauf von Sommersachen? • Gibt es Schnäppchen? • Welche Farben gehen gut?	Schuhgeschäft Kaufhaus Boutiquen
Kinder Jugendliche Badegäste	• Wo verbringen Sie die warmen Tage am liebsten? • Sind Sie oft hier? • Wie gefällt es Ihnen hier?	Park Freibad Marktplatz
Arzt Patienten Sanitäter	• Gibt es viele Leute, die durch die Hitze Beschwerden haben? • Welche Krankheiten häufen sich? • Was raten Sie Menschen, die die Wärme nicht gut vertragen?	Krankenhaus Apotheke Arztpraxis

© Verlag an der Ruhr | Postfach 102251 | 45422 Mülheim an der Ruhr | www.verlagruhr.de | ISBN 978-3-8346-0457-6

Aufsätze konkret – *Tipps und Schreibanleitungen vom Unfallbericht bis zum Zeitungsartikel*

Einstiege

 Im Folgenden findest du verschiedene Anfänge von Reportagen zum Thema „Migranten in Deutschland". Welche Einstiege gefallen dir gut, welche weniger? Begründe deine Wahl und diskutiere mit deinen Mitschülern darüber.

Es ist heiß. Es ist 11 Uhr vormittags, Mitte April und das Thermometer zeigt 27 Grad. Auf der Mallinckrodtstraße staut sich der Verkehr. Der Dunst der Abgase liegt über der vierspurigen Straße, die sich vom Borsigplatz bis zum Hafen quer durch die Dortmunder Nordstadt zieht. Vom türkischen Musikgeschäft auf der anderen Straßenseite dringt Folkloremusik herüber. Eine Mischung aus Fisch- und Gemüsegeruch des libanesischen Lebensmittelladens an der Straßenecke hängt in der Luft.

Olympias Eltern leben seit 26 Jahren in Deutschland, sie ist in Frankfurt geboren und lebt nun in Bochum. Auf den ersten Blick erkennt man nicht, dass Olympia keine Deutsche ist, sie hat mittelbraune, glatte Haare und braune Augen, ihre Haut ist sehr hell, und so sieht man ihr nicht an, dass ihre Eltern aus Griechenland kommen und dass sie keinen deutschen Pass hat. Wenn sie sie kennenlernen, sind sämtliche Leute erstaunt, wenn sie ihren Namen hören und sie ganz stolz sagt: „Ich bin Griechin!"

Berlin-Kreuzberg, Hamburg-Wilhelmsburg, Dortmund-Nordstadt: Im Internet stößt man auf der Suche nach dem letztgenannten Stadtteil immer wieder auf diese Reihe. Dazu gibt es den Hinweis, es handele sich um so genannte Krisenstadtteile. Im Dortmunder Umland ist aufgrund des hohen Migrantenanteils schnell vom „Ghetto" die Rede, wenn über die Nordstadt gesprochen wird. Seit Dezember 2001 erhält der Dortmunder Norden als Krisengebiet Fördergelder im Rahmen des Projekts „URBAN II" der Europäischen Union. Was steckt hinter diesem Projekt?

„Spor Cülübü" – das Schild prangt unübersehbar über dem Eingang des Mehrfamilienblocks aus der Zeit des großen Kohlerauschs. „Sportverein", heißt das wohl. „Kocak Market" steht auf einem anderen Schild. Die Namenschilder der Wohnhäuser tragen Namen wie „Ciloglu", „Marankuz" oder „Rencber", nur selten von einem „Neumann" gestört. Aus den Küchenfenstern duftet es fremd und südländisch, die Musik, die aus den Autos und Wohnzimmern klingt, hat einen eigenwilligen Rhythmus. Wir befinden uns auf der Adalbertstraße in Recklinghausen – Hochlarmark, in jenem Stadtteil also, der mehr oder minder liebevoll als „Klein-Istanbul" bezeichnet wird.

„Ich fühle mich heimatlos, bin noch auf der Suche. Deutsch kann ich besser als Laotisch oder Vietnamesisch, aber damit befasse ich mich auch. Ich finde, man sollte seine Wurzeln nicht vergessen. So kann man die Menschen einander näherbringen", antwortet eine 29-jährige Hotelfachfrau auf die Frage, was Heimat für sie bedeute.

Auf dem Gang hört man ein Gewirr aus den unterschiedlichsten Sprachen. Die wenigen Sitzplätze vor dem Seminarraum sind längst belegt, und der Vorraum ist mit Wartenden gefüllt. Einige trinken Kaffee oder rauchen noch schnell eine Zigarette, bevor es losgeht. Wie ein typisches Unterrichtsgebäude, einfarbig und funktional, wirkt der Trakt des Kulturzentrums in Herne, in dem die Kurse der Volkshochschule stattfinden. Das Bild erinnert an eine Zwischenpause in der Schule. Nur, dass die Kursteilnehmer aus dem Schulalter längst heraus sind.

Aufsätze konkret – *Tipps und Schreibanleitungen vom Unfallbericht bis zum Zeitungsartikel*   © Verlag an der Ruhr | Postfach 10 2251 | 45422 Mülheim an der Ruhr | www.verlagruhr.de | ISBN 978-3-8346-0457-6

Fahrstuhlfahrt

 Schreibe eine Reportage über eine Fahrt im Fahrstuhl. Vielleicht gibt es ja in eurem Schulgebäude einen Aufzug, ansonsten bietet sich ein Kaufhaus im Stadtzentrum an.

Die unten stehende Tabelle gibt dir Tipps, worauf du achten solltest, um genügend Eindrücke für deine Reportage zu sammeln. Vielleicht fallen dir ja noch weitere Beobachtungspunkte ein!

Worauf ich beim Fahrstuhlfahren achte:	Was mir beim Fahrstuhlfahren dazu auffällt:
Aussehen des Fahrstuhls	
Geräusche beim Fahren	
Geräusche beim Türenöffnen	
Was ich beim Türenöffnen sehe	
Was beim Türenöffnen passiert	
Gerüche im Fahrstuhl	
Leute im Fahrstuhl: Aussehen/Verhalten	
Gespräche im Fahrstuhl	
Sachinformationen zum Fahrstuhlfahren	

 Damit deine Reportage besonders lebendig und authentisch wirkt, sollten Menschen darin vorkommen. Beobachte deine Mitfahrer und befrage sie, wenn möglich.
Folgende Anhaltspunkte helfen dir, mit den „Mitreisenden" im Aufzug ins Gespräch zu kommen. Notiere dir prägnante Aussagen als wörtliches Zitat, um deine Reportage damit später zu würzen. Vergiss nicht, dir auch Namen und Vornamen deines Gesprächspartners aufzuschreiben.

Anhaltspunkte für Recherchefragen

⇨ Grund für die Aufzugfahrt

⇨ Ziel und Zweck der Fahrt

⇨ bisherige Erfahrungen mit diesem Aufzug

⇨ Eindrücke bei der Aufzugfahrt

⇨ Gefühle beim Aufzugfahren

⇨ lustige/traurige Geschichte zum Thema

119

© Verlag an der Ruhr | Postfach 10 22 51 | 45422 Mülheim an der Ruhr | www.verlagruhr.de | ISBN 978-3-8346-0457-6

Aufsätze konkret – *Tipps und Schreibanleitungen vom Unfallbericht bis zum Zeitungsartikel*

Reportage

Wiederholungen vermeiden

 In der folgenden Übung kannst du trainieren, Doppelungen zu vermeiden. Finde neue Ausdrucksmöglichkeiten und formuliere die Sätze um.

⇨ **Groß**raumbussen kommt eine hohe Bedeutung bei der Bewältigung des **großen** Verkehrsaufkommens in Aachen zu.

⇨ Nach der gelungenen Geschäfts**eröffnung** am Markt **eröffnete** Luigi Barani nun ein zweites Eiscafé auf der Bahnhofsstraße.

⇨ Trotz anfänglichen **Zögerns** bei der Diskussion der Umbaumaßnahme zeigte sich der Ministerpräsident letztendlich wenig **zögerlich**, als es um die Entscheidung ging.

⇨ Nur **noch** drei Stunden – da ist es fraglich, ob Anja ihr Ziel **noch** erreichen kann, bei diesem Flohmarkt **noch** mehr Geld als beim letzten Mal einzunehmen.

⇨ Die alten Rutschen auf dem Spielplatz sollen **ersetzt** werden. Einen **Ersatz** gibt es allerdings noch nicht.

⇨ Die einzige Möglichkeit für Sabine ist, dass sie **wieder** die Klasse **wieder**holt.

⇨ Der italienische Minister, **der der** umstrittenen Sache nicht abgeneigt **ist**, **ist** seit 2007 im Amt.

⇨ Zwei Monate nach Kriegs**ende** hat der bekannte Politiker in Südfrankreich die Schule **beendet**.

⇨ Er arbeitet bis 18 Uhr, **dann** geht er einkaufen, **dann** fährt er zum Sport und **dann** trifft er sich mit seinen Freunden in der Kneipe.

⇨ Wir warten, bis sie endlich aufgegessen **hat** und das Geschirr zur Theke zurückgebracht **hat**.

⇨ Die Räume des Schlosses sind sehr **unterschiedlich** gestaltet, am meisten **unterscheiden** sich die Räume im linken Seitenflügel vom Rest, weil sie allesamt im Barockstil eingerichtet sind.

Aufsätze konkret – *Tipps und Schreibanleitungen vom Unfallbericht bis zum Zeitungsartikel* © Verlag an der Ruhr | Postfach 10 2251 | 45422 Mülheim an der Ruhr | **www.verlagruhr.de** | ISBN 978-3-8346-0457-6

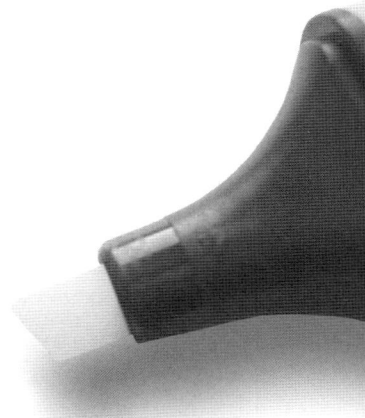

Texte überarbeiten

Checkliste zur Überprüfung eigener Arbeiten   122

Feedbackregeln für die Textbesprechung   123

Feedback-Diskussionsleitung   124

Checkliste zur Überprüfung eigener Arbeiten

*Bevor du einen deiner Texte jemand anderem zum Lesen gibst, solltest du selbst **in aller Ruhe überprüfen**, ob du alles beachtet hast, was bei dieser Textsorte wichtig ist.*
*Dabei solltest du versuchen, deine eigene Leistung einzuschätzen, herauszufinden, worin die **Stärken und Schwächen deines Textes** liegen und **Verbesserungsmöglichkeiten** finden. Mit Hilfe der unten stehenden Fragen kannst du deinen Text durchgehen und ihn gegebenenfalls korrigieren. Dadurch bekommst du auch Anregungen, auf was du bei künftigen Schreibvorhaben achten solltest.*

Überprüfe deinen Text hinsichtlich der folgenden Fragen:

 1 Was für eine Art von Text wollte ich schreiben?

 2 Was sind die wesentlichen stilistischen Merkmale dieser Textart? Ist es mir gelungen, sie in meinen Text einzubauen?

 3 Beinhaltet mein Text alle wichtigen Informationen, die erforderlich sind, um ihn zu verstehen?

 4 Ist mein Text durchgängig gegliedert und weist einen roten Faden auf, den andere Leser nachvollziehen können?

 5 Gibt es in meiner Arbeit noch sprachliche Schwächen, wie z.B. Rechtschreibfehler?

 6 Was hat mir beim Schreiben die meisten Schwierigkeiten bereitet?

 7 Welche anfänglichen Probleme konnte ich im Laufe des Schreibprozesses lösen? Wie habe ich das geschafft?

 8 Welche Passagen meines Textes finde ich besonders gelungen, welche Stellen gefallen mir weniger gut?

 9 Wenn ich noch einmal etwas zu diesem Thema schreiben müsste: Was würde ich dann anders machen?

Tipp:
Versuche, Sätze umzustellen, damit der Satzbau lebendiger wird!

Tipp:
Ersetze 10 Wörter, die dir nicht gefallen, durch andere!

Übrigens:
Solche Kriterien benutzen auch eure Lehrer, um eure Texte zu bewerten.

Aufsätze konkret – *Tipps und Schreibanleitungen vom Unfallbericht bis zum Zeitungsartikel*

© Verlag an der Ruhr | Postfach 10 2251 | 45422 Mülheim an der Ruhr | **www.verlagruhr.de** | ISBN 978-3-8346-0457-6

Feedback-Regeln
für die Textbesprechung

INFO

 **Erstellt ein Plakat mit den zehn wichtigsten Regeln
für Feedback-Gespräche und hängt es im Klassenraum auf.
Welche der unten stehenden Tipps würdet ihr auf dieses
Plakat schreiben?**

Um Tipps für das weitere Schreiben und ein umfangreiches Feedback zu bekommen, ist es sinnvoll, eure Texte in Kleingruppen oder mit der gesamten Klasse zu besprechen. Sicherlich ist es am Anfang schwierig, sich mit den eigenen Arbeiten an die Öffentlichkeit zu trauen und der Kritik der Gruppe zu stellen. Aber da jeder mal vorlesen muss, ist das gar nicht so schlimm. Damit die Atmosphäre in der Klasse bei der Textkritik möglichst angenehm und konstruktiv ist, solltet ihr ein paar Regeln einhalten.

1. Es spricht immer nur einer, die anderen hören still zu.

2. Kritik sollte freundlich und sachlich sein.

3. Jeder hat das Recht, seine Meinung zu äußern und darf ausreden.

4. Es sollten auf jeden Fall bei jedem Text alle Fehler korrigiert werden.

5. Die Kritik sollte möglichst konkret sein und Verbesserungsvorschläge beinhalten.

6. Nehmt euch genug Zeit für die Feedback-Runde.
Besprecht lieber weniger Texte intensiver als ganz viele nur knapp.

7. Kein Text sollte länger als fünf Minuten besprochen werden.

8. Achtet beim Vortragen der Texte darauf, langsam und deutlich zu lesen.

9. Stellt zuerst das Positive heraus und äußert dann die negativen Punkte.

10. Kritik sollte umkehrbar sein: Alles, was A zu B sagt, sollte auch B zu A sagen können.

11. Es sollte nur das genannt werden, was misslungen ist. Mit dem, was bereits gut ist, braucht man keine Zeit mehr zu verschwenden.

12. Wer Feedback bekommt, sollte sich nicht rechtfertigen oder entschuldigen, sondern nur bei Verständnisschwierigkeiten nachfragen.

13. Stellt bei eurer Kritik Zusammenhänge zwischen den verschiedenen vorgetragenen Texten her.

14. Um den Text angemessen zu beurteilen, muss man wissen, wer ihn geschrieben hat.

15. Nur wer selbst etwas vorliest, darf Kritik an den anderen üben.

16. Überprüft, ob die Texte vorher aufgestellten Kriterien gerecht werden.

 **Ergänzt weitere Regeln, die ihr für ein Feedback-Gespräch
wichtig findet.**

© Verlag an der Ruhr | Postfach 102251 | 45422 Mülheim an der Ruhr | **www.verlagruhr.de** | ISBN 978-3-8346-0457-6

Aufsätze konkret – *Tipps und Schreibanleitungen vom Unfallbericht bis zum Zeitungsartikel*

Texte
überarbeiten

Feedback-
Diskussionsleitung

INFO

Bei Feedback-Gesprächen in Arbeitsgruppen oder mit der ganzen Klasse könnt ihr einen Schüler als Moderator und Diskussionsleiter benennen.
Er achtet darauf, dass die Regeln eingehalten werden, um erfolgreiches Feedback zu ermöglichen. Eine kritische Auseinandersetzung mit euren Texten funktioniert am besten in entspannter und konstruktiver Atmosphäre. Hinweise dazu findet ihr auf Seite 123.

Tipps für den Moderator von Feedback-Diskussionen:

⇨ Bitte Störenfriede um Ruhe, damit jeder der Diskussion folgen kann.

⇨ Jeder sollte die Gelegenheit bekommen, seine Meinung zu äußern. Achte deshalb darauf, nicht immer den Vielrednern das Wort zu erteilen, sondern auch stillere Gruppenmitglieder an der Diskussion zu beteiligen.

⇨ Halte Blickkontakt zu dem, der spricht, damit er nicht das Gefühl hat, gegen eine Wand aus Desinteresse anreden zu müssen.

⇨ Unterbrich die Diskussionsteilnehmer möglichst nicht. Bloß, wenn ein Beitrag zu sehr abschweift, weise den Redner darauf hin und bitte ihn, das Thema zu berücksichtigen.

⇨ Begrenze die Besprechungsdauer für einen Text auf beispielsweise fünf Minuten. Kontrolliere die Zeit mit einer Stoppuhr, um ausschweifende Diskussionen zu verhindern.

⇨ Wenn umstrittene Meinungen geäußert werden, kannst du daraus neue Fragen formulieren und sie in der Gruppe zur Diskussion stellen.

⇨ Konzentriert euch bei der Besprechung zunächst auf einen Text, nehmt euch dann den nächsten vor und vergleicht erst danach die verschiedenen Texte miteinander.

⇨ Fasse die wichtigsten Punkte der Diskussion am Ende noch einmal zusammen und halte sie gegebenenfalls auf einer Folie oder einem Flipchart fest.

⇨ Vielleicht bestimmst du einen Protokollanten, der die wichtigsten Äußerungen zu jedem Text notiert.

Aufsätze konkret – *Tipps und Schreibanleitungen vom Unfallbericht bis zum Zeitungsartikel*   © Verlag an der Ruhr | Postfach 10 22 51 | 45422 Mülheim an der Ruhr | **www.verlagruhr.de** | ISBN 978-3-8346-0457-6

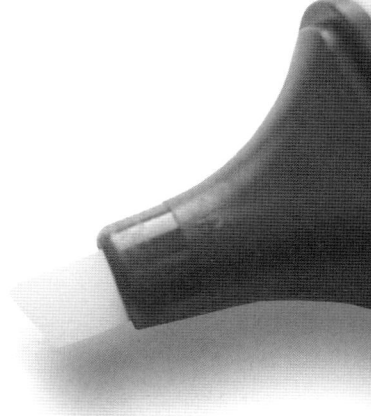

Anhang

Lösungen   **126**

Literaturtipps   **130**

125

Lösungen

11 Nachschlagerallye

1. diskret: takt-, rücksichtsvoll, schonend, vorsichtig, behutsam, unauffällig, distanziert, verschwiegen, vertraulich, dezent, geheim, intim, in aller Stille, unter vier Augen, inoffiziell, heimlich, intern, ohne Aufsehen
2. ~ Die Tilde vertritt entweder das ganze fett gedruckte Stichwort oder den Teil des Stichwortes, der links vom senkrechten Strich steht. Die Tilde dient als Stellvertreter des Wortteils, der auch im zweiten Wort vorkommt.
3. Leon, Lukas, Luca, Finn, Tim, Felix, Jonas, Luis, Maximilian, Julian
4. elma: Apfel
5. Porto Novo
6. Neuhebräisch, Amtssprache in Israel
7. Deutschland, Tschechische Republik, Slowakei, Ukraine, Weißrussland, Litauen, Russland
8. Hochzeit des schwedischen Königs Karl XVI. Gustav mit Silvia
9. Akustik, Rhythmus, endgültig, Entgelt, Nummerierung
10. **HR** – Hessischer Rundfunk
    FDJ – Freie Deutsche Jugend
    FIFA – Internationaler Fußballverband (Fédération Internationale de Football Association)
    ISO – International Organization for Standardization (Internationale Normierungsorganisation)
    OB – Oberbürgermeister/in
11. Deutschland – Italien 0:2, Portugal – Frankreich 0:1
12. Großlibellen
13. geb. 1761 in Straßburg, gest. 1850 in London, französische Wachsbildnerin, gründete in London das erste Wachsfigurenkabinett
14. Christian Schwarz-Schilling: von 1982–1992 Bundesminister für Post und Telekommunikation
15. Immutabilität: Unveränderlichkeit

27 Textbeispiele Beschreibungen

1. Kochbuch
2. Hotelprospekt
3. Reiseführer
4. Spielanleitung
5. Gebrauchsanleitung
6. Produktinformation
7. Katalogtext
8. Kinoprogramm
7. Reiseführer
10. Werbeprospekt

34 Allerweltsverben

Tür aufschließen, Briefumschlag aufreißen, Weinflasche entkorken, Geschäft eröffnen, Mädchen/Jungen ansprechen, Salat würzen, Radio einschalten, Motor starten, Haus abreißen, Glas zerbrechen, Beziehung zerstören, Stimmung verderben, Kalenderblatt abreißen, Nagellack entfernen, ein Treffen verabreden, eine Folie abziehen, verschüttetes Wasser aufwischen, Bleistiftstrich wegradieren, einen Fehler korrigieren, Scherben auffegen, einen Reißverschluss zuziehen, eine Tür schließen, ein Buch zuklappen, einen Briefumschlag zukleben

39 Unfallbericht

(Lösungsvorschlag)
Beim Fangen spielen ist Klaus hinter Jan hergelaufen. Als Jan abrupt am Rande des Beckens stehen blieb, um nicht ins Wasser zu fallen, rannte Klaus in ihn hinein. Jan ist hingefallen. Er hat sich mit beiden Händen abgestützt und sein rechtes Knie auf den Platten aufgeschlagen. Jans Brille ist bei dem Sturz auf die Erde gefallen. Dabei sind die Gläser zerbrochen, und ein Bügel ist abgegangen.

41 Konjunktionen und Subjunktionen

- Da es stark geregnet hat, sind wir ins Kino gegangen.
- Ich bin zu der Party gegangen, obwohl ich nicht eingeladen war.
- Sie kommt zu spät zum Unterricht, weil sie verschlafen hat.
- Ich habe 2 Kilo zugenommen, denn ich habe zu viel Schokolade gegessen.
- Wir treffen uns nachmittags, um Englisch zu lernen.
- Ich lerne Spanisch, damit ich einen Job in Spanien finde.
- Nachdem er 1000 Euro gewonnen hat, macht er eine Reise nach Italien.

Aufsätze konkret – *Tipps und Schreibanleitungen vom Unfallbericht bis zum Zeitungsartikel*

© Verlag an der Ruhr | Postfach 102251 | 45422 Mülheim an der Ruhr | **www.verlagruhr.de** | ISBN 978-3-8346-0457-6

Lösungen

- Ich trainiere jeden Tag, um nächstes Jahr beim Marathon mitzulaufen.
- Im Haus wurde eingebrochen, aber die Diebe haben nichts gestohlen.
- Nachdem ich das Gymnasium besucht habe, studiere ich jetzt.
- Während er die Tomaten wäscht, schält sie Zwiebeln.
- Silke hat Durst, darum kauft sie eine Flasche Orangensaft.
- Meine Mutter treibt viel Sport, damit sie abnimmt.
- Ich höre häufig Radio, um mich zu informieren.
- Gestern Abend war er sehr spät zu Hause, obwohl er um sechs Uhr aufstehen muss.
- Er kauft ein neues Auto, obwohl er kein Geld hat.
- Ich warte auf dich, obwohl du immer zu spät kommst.

42 Tautologien erkennen

runder Ball, schwarzer Rappe, preiswertes Schnäppchen, süßer Zucker, nicht unproblematisch, stundenlange Marathonsitzung, im Monat Mai, seltene Raritäten, neu renoviert, wahre Tatsachen, alter Greis, tägliche Wiederholung, verheiratetes Ehepaar, illegale Straftat, salzige Tränen, unehrliche Lügen, das belgische Brüssel, neuer Anfang, gleichförmige Routine, junge Teenies

47 Indirekte Rede

- **Saskia** sagte, sie fände es nicht gut, dass sie in der großen Pause auf jeden Fall auf den Schulhof gehen müssten. Sie fragte, warum sie nicht in der Aula bleiben könnten.
- **Frau Meyer** erklärte, dass in jeder Pause nur zwei Lehrer Aufsicht führen würden. Es sei niemand da, der die Aula beaufsichtige.
- **Nils** schlug vor, dass ein Lehrer drinnen und einer draußen Aufsicht mache.
- **Herr Klein** wandte ein, dass das nicht gehe. Der Schulhof sei so groß, dass dort auf jeden Fall zwei Lehrer herumlaufen müssten.
- **Herr Berger** erkundigte sich, warum wir unbedingt in der Aula bleiben wollten.
- **Tina** erläuterte ihm, dass es im Winter oder bei Regen keinen Spaß mache, draußen zu stehen. Sie frören die ganze Zeit und würden nur darauf warten, dass die Pause endlich vorbei sei.
- **Bernd** fragte nach, warum sie nicht ins Schülercafé gehe.
- Darauf antwortete **Tina**, dass es doch sowieso immer voll sei. Es gebe nicht genug Sitzmöglichkeiten.
- **Ulrike** bestätigte das und fragte, ob wir nicht das Zimmer nebenan auch noch als Schülercafé nutzen könnten.
- **Herr Klein** entgegnete, soweit er wisse, werde dieser Raum zur Zeit nicht genutzt. Er könne mit dem Direktor sprechen, ob wir diesen Raum noch bekämen.

53 Im Stil vergriffen

- Ich muss mich jetzt sehr anstrengen
- Den Mann kann ich nicht leiden.
- Marcus ist sehr durcheinander.
- Mathe ist ein Fach, das ich nicht mag.
- Sandra wollte mich unbedingt kennenlernen.
- Ich habe gestern drei Stunden Englischvokabeln gelernt.
- Eine Person hat mich komisch angesprochen.
- Sein Verhalten hat mir überhaupt nicht gefallen.
- Das Mädchen hat nichts verstanden.

55 Betreffzeilen

- Ihr Schreiben vom … *(Datum)* – Fragebogen
- Zusendung von Infomaterial
- Anfrage nach Übernachtungspreisen
- Kündigung des Handyvertrags Nr. …
- Kostenvoranschlag für Mofareparatur
- Reklamation eines Fotoapparats
- Ihr Stellenangebot in … – Bewerbung als …
- Antrag auf Schadensregulierung
- Antrag auf eine neue EC-Karte
- Doppelte Abbuchung
- Zusendung des Veranstaltungsprogramms
- Kündigung der Mitgliedschaft
- Buchung einer Museumsführung

© Verlag an der Ruhr | Postfach 10 2251 | 45422 Mülheim an der Ruhr | **www.verlagruhr.de** | ISBN 978-3-8346-0457-6

Aufsätze konkret – *Tipps und Schreibanleitungen vom Unfallbericht bis zum Zeitungsartikel*

Lösungen

62 Reiseprospekte

lebhafter Ferienort – zweckmäßig eingerichtete Zimmer – Sonnenschirme und Liegen stehen zur Verfügung – Gelegenheit zum Tennis spielen – ruhiger Badeort – Ihr Hotel garantiert Ihnen Entspannung pur – klimatisierter Speisesaal – Hotel mit malerischem Ausblick – Badestrand

64 Bildhafte Adjektive

1. steinhart, apfelgrün, kuschelweich, eiskalt, feuerrot, schneeweiß, zuckersüß, streichzart, pfeilschnell, brandneu, taufrisch, kreisrund, haushoch, sonnengelb, abgrundtief, bärenstark, bienenfleißig, steinalt
2. umkreise Adjektive:
   weich: babyweich, schmuseweich, butterweich, watteweich, kuschelweich
   schnell: pfeilschnell, raketenschnell, superschnell
   fest: bissfest, feuerfest, felsenfest, bombenfest

76 Textbeispiele mit W-Fragen

Text: **Bombenalarm im Dresdner Bahnhof.**

Wann wurde am Dresdner Hauptbahnhof Bombenalarm ausgelöst? Wo wurde Bombenalarm ausgelöst? Was wurde am Dresdner Hauptbahnhof ausgelöst? Was haben Reisende der Polizei gemeldet? Wer hat etwas gemeldet? Was ist nach dem Notruf passiert?

Text: **Diebisches Pärchen von Polizei gefasst.**

Wer hat wen festgenommen? Was haben sie getan? Wann wurde das deutsche Pärchen festgenommen? Wo wurde das deutsche Pärchen festgenommen? Was sollen sie außerdem getan haben?

78 Eine Nachricht verbessern

(Lösungsvorschlag)
Wegen einer Baumfäll-Aktion wird die Lindenallee am kommenden Montag zwischen 8 und 10 Uhr gesperrt. Da sie von Schädlingen befallen sind, holzt das Grünflächenamt drei achtjährige Linden sowie zwei Buchen ab. Während der Straßensperrung fahren die Linienbusse durch die Pappel- und die Kastanienallee. Der Verkehr verzögert sich um circa 10 Minuten.

80 Variation im Satzbau

- Kinder aus zehn verschiedenen Nationen lernen in dieser Schule miteinander.
- Dank umfangreicher Renovierung hat die Hochhaussiedlung an der Bachstraße ein völlig neues Gesicht bekommen.
- 50 000 Euro stellte die Regierung zur Verfügung, um das Gebäude fertig zu stellen.
- 10 000 Gewerkschaftler demonstrierten in Berlin gegen die Politik der Bundesregierung.

- Am Autobahnkreuz Dortmund-Witten kam es am vergangenen Mittwoch zu einem schweren Unfall.
- Bereits seit fünf Jahren tobt zwischen den beiden Nachbarn ununterbrochen ein Streit.
- Reiseplanung ist, wie eine britische Untersuchung ergab, Frauensache.
- Ein 30-jähriger Bochumer wurde am vergangenen Freitag an der Chemnitzer Straße Opfer eines Raubüberfalls.

84 Checkliste für einen Zeitungsbericht

✓ Wer begibt sich auf Wanderschaft?
✓ Wie begeben sich die 16 Mann auf Wanderschaft?
✓ Wann wollen sie ankommen?
✓ Wo wollen sie ankommen?
✓ Was soll nachvollzogen werden?

112 Bewertende Adjektive

gelungen, interessant, banal, faszinierend, spannend, platt, mitreißend, ungewöhnlich, aufregend, langatmig, spektakulär, akzeptabel, albern, annehmbar, ansprechend, nichts sagend, oberflächlich, überraschend, nachvollziehbar, unverständlich, packend, temporeich, langweilig, beeindruckend, komisch, aufgesetzt, imposant, einschläfernd, rührend, schräg, merkwürdig, bewegend

Aufsätze konkret – *Tipps und Schreibanleitungen vom Unfallbericht bis zum Zeitungsartikel*   © Verlag an der Ruhr | Postfach 10 2251 | 45422 Mülheim an der Ruhr | **www.verlagruhr.de** | ISBN 978-3-8346-0457-6

Literaturtipps

Horsfield, Alan:
**Freies Schreiben –
Schritt für Schritt**
Verlag an der Ruhr 2006
ISBN 978-3-8346-0047-9

Kartchner Clark, Sarah:
**Texte systematisch
erschließen**
Verlag an der Ruhr 2008
ISBN 978-3-8346-0398-2

Franck, Norbert:
**Schreiben wie ein Profi:
Artikel, Berichte, Briefe,
Protokolle, Referate und
andere Texte**
Bund-Verlag 2004
ISBN 978-3-7663-3595-1

Cappon, Rene J.:
Journalistisches Schreiben
Autorenhaus 2005
ISBN 978-3-93290-925-2

Krohn, Thomas:
**SZ-Tipps: Reader für die
Schülerzeitungsarbeit 2007**
ISBN 978-3-00-023897-0

Gottschling, Stefan:
Einfach besser texten
Gabal 2006
ISBN 978-3-89749-590-6

Englert, Sylvia:
**Die neue Wörterwerkstatt.
Tipps für Jugendliche, die
gern schreiben**
Autorenhaus 2007
ISBN 978-3-86671-026-9

Schneider, Wolf:
Deutsch für Profis
Goldmann 2008
ISBN 978-3-442-16175-1

Gaßdorf, Dagmar:
**Das Zeug zum Schreiben –
Eine Sprachschule für
Praktiker**
Frankfurter Allgemeine
Buch 2001
ISBN 978-3-927282-46-9

© Verlag an der Ruhr | Postfach 102251 | 45422 Mülheim an der Ruhr | www.verlagruhr.de | ISBN 978-3-8346-0457-6

Aufsätze konkret – Tipps und Schreibanleitungen
vom Unfallbericht bis zum Zeitungsartikel

Verlag an der Ruhr

Alexanderstraße 54
45472 Mülheim an der Ruhr

Telefon 05 21 / 97 19 330
Fax 05 21 / 97 19 137

bestellung@cvk.de
www.verlagruhr.de

Es gelten die Preise auf unserer Internetseite.

■ Aufsätze konkret

Tipps und Schreibanleitungen vom
Unfallbericht bis zum Zeitungsartikel
Kl. 7–11, 129 S., A4, Paperback
ISBN 978-3-8346-0457-6
Best.-Nr. 60457
19,80 € (D)/20,35 € (A)/34,70 CHF

So geht das!
■ Aufsatzkorrekturen fair und transparent

Checklisten und Beurteilungshilfen
Kl. 5–10, 97 S., A4, Paperback mit CD-ROM
ISBN 978-3-8346-0328-9
Best.-Nr. 60328
19,80 € (D)/20,35 € (A)/34,70 CHF

■ Foto-Kartei Sprachunterricht

40 Bildimpulse fürs Sprechen,
Schreiben und szenische Spiel
Kl. 5–10, Spiralb. (40 farbige Karten, A5 quer,
perforiert + 30-seitiges Belgleitmaterial)
ISBN 978-3-8346-0513-9
Best.-Nr. 60513
19,80 € (D)/20,35 € (A)/34,70 CHF

■ „Hab ich voll verpeilt, Alter!"

Alltagskommunikation trainieren mit
Jugendlichen
13–18 J., 120 S., A4, Paperback
ISBN 978-3-8346-0499-6
Best.-Nr. 60499
20,50 € (D)/21,10 € (A)/35,90 CHF

■ Freies Sprechen und Präsentieren – so geht's

Übungen und Tipps für Referate,
Vorträge und mündliche Prüfungen
Kl. 7–10, 74 S., A4, Papphefter
ISBN 978-3-8346-0500-9
Best.-Nr. 60500
19,50 € (D)/20,– € (A)/34,20 CHF

■ Das Portfolio-Konzept in der Sekundarstufe

Individualisiertes Lernen organisieren
Kl. 5–13, 98 S., A4, Paperback, zweifarbig
ISBN 978-3-8346-0152-0
Best.-Nr. 60152
19,80 € (D)/20,35 € (A)/34,70 CHF

■ Das 5-Minuten-Rechtschreibtraining

Kl. 5–7, 92 S., A4, Paperback
ISBN 978-3-8346-0027-1
Best.-Nr. 60027
19,– € (D)/19,50 € (A)

■ (Un)Geliebte Grammatik

30 Lernspiele mit Merkregeln und
Arbeitsblättern
Kl. 5–7, 66 S., A4, Papphefter
ISBN 978-3-8346-0453-8
Best.-Nr. 60453
19,50 € (D)/20,– € (A)/34,20 CHF

Schüler fordern und unterstützen